C·H·Beck
PAPERBACK

Präzise und vorurteilslos, aber dennoch liebevoll zeichnet Hermann Kurzke in diesem Autorenbuch ein Porträt des frühverstorbenen Romantikers Novalis (Friedrich von Hardenberg). Er zeigt den Zusammenhang zwischen dem scharfsinnigen Intellektuellen und dem Träumer, dem Erotiker und dem religiösen Schwärmer, dem Politiker und dem Poeten und zieht Verbindungslinien zwischen der so unromantischen Berufstätigkeit als Kreisaktuarius und Salinenassessor, der rätselhaften Liebe zu der im Alter von 15 Jahren verstorbenen Sophie von Kühn und dem schriftstellerischen Werk.

Hermann Kurzke war Professor für Neuere deutsche Literaturgeschichte an der Universität Mainz. Im Verlag C.H.Beck ist von ihm u. a. erschienen: Thomas Mann. Epoche – Werk – Wirkung (^{4}2010); Thomas Mann. Das Leben als Kunstwerk (^{2}2006); Unglaubensgespräch. Vom Nutzen und Nachteil der Religion für das Leben (mit Jacques Wirion, ^{2}2006, Paperback 2007); und Georg Büchner. Geschichte eines Genies (^{2}2013).

Hermann Kurzke

Novalis

C.H.Beck

1. Auflage in der Beck'schen Reihe. 1988
2., überarbeitete Auflage. 2001

Mit 5 Abbildungen im Text

3. Auflage in C.H.Beck Paperback. 2024
Unveränderter Nachdruck

Originalausgabe

Umschlagentwurf: malsyteufel, willich
Umschlagabbildung: Franz Gareis, Novalis, ca. 1799,
Öl auf Leinwand, 57 x 52,1 cm, Forschungsstätte für
Frühromantik und Novalis-Museum, Schloss Oberwiederstedt,
Foto: Ursula Edelmann
Satz: C.H.Beck.Media.Solutions, Nördlingen
Druck u. Bindung: Beltz Grafische Betriebe GmbH, Bad Langensalza
Printed in Germany
ISBN 978 3 406 82520 0

www.chbeck.de

Inhalt

… mit Skepsis, mit *Gehässigkeit,* mit psychologischem Radicalismus und dennoch positiv, lyrisch, aus eigenem Erleben …

Vorspiel

Wenn nicht mehr Zahlen und Figuren
Sind Schlüssel aller Kreaturen
Wenn die so singen, oder küssen,
Mehr als die Tiefgelehrten wissen,
Wenn sich die Welt ins freye Leben
Und in die Welt wird zurück begeben,
Wenn dann sich wieder Licht und Schatten
Zu ächter Klarheit wieder gatten,
Und man in Mährchen und Gedichten
Erkennt die wahren Weltgeschichten,
Dann fliegt vor Einem geheimen Wort
Das ganze verkehrte Wesen fort.
(I, 344 f.)

In diesen Zeilen scheint das Wesen der Romantik ausgesprochen zu sein: ihre Wendung gegen die Aufklärung (gegen „Zahlen und Figuren“ und gegen die „Tiefgelehrten“), ihre tiefe Faszination durch die Kunst („die so singen“) und die Liebe („oder küssen“), ihre Sehnsucht nach dem alten Wahren der Vorzeit, nach der wiederzuerrichtenden Welt der Märchen, schließlich ihre Hoffnung auf die wunderbare Verwandlung der Welt mit einem einzigen Zauberspruch („vor Einem geheimen Wort“). „Und die Welt hebt an zu singen, triffst du nur das Zauberwort“, dichtete später ja auch Eichendorff.

Aber ist der Traum auch seriös? Wird wirklich die Zeit der Dichter, Sänger und Liebenden kommen, gibt es das geheime Wort? Ist das nicht eine allzu großzügige Vereinfachung, eine unverbindliche Träumerei, schön für Feiertage, aber im praktischen Leben unbrauchbar? Müssen wir nicht mehr denn je mit den „Zahlen und Figuren" umgehen können, um unserer Welt gewachsen zu sein?

Novalis gilt als Träumer. Kein Wunder, daß ihn die Aufklärer, mit ihrem Hang zum Vernünftigen, Gesunden und Lebensnützlichen, für einen krankhaften Schwärmer hielten. „Tollhäuslerischen Nonsense" nennt seine Schriften 1804 die „Neue Allgemeine Deutsche Bibliothek" (Novalis – Wege der Forschung, 1986, S. VIII). Die Hegelianer Echtermeyer und Ruge kritisieren 1839 die „Freiheit, welche bis zum Exceß Welt und Geschichte vor ihren Phantasien niederwirft" (ebd. S. 10). „Der Rosenschein in den Dichtungen des Novalis ist nicht die Farbe der Gesundheit, sondern der Schwindsucht", urteilt Heine, wie der Riese Antäus sei der Dichter „stark und gewaltig, solange er den Boden der Wirklichkeit nicht verläßt, und er wird ohnmächtig, sobald er schwärmerisch in der blauen Luft umherschwebt" (Romantische Schule, Werke, ed. E. Elster, 5,301f.). Ende des 19. Jahrhunderts spricht Georg Brandes von der „willkürlichen, alles verflüchtigenden Phantastik, welche die Natur und die Geschichte in Symbole und Mythen auflöst, um mit allem von außen Gegebenen frei umspringen und frei in der Selbstempfindung schwelgen zu können" (Hauptströmungen der Literatur des 19. Jahrhunderts, Berlin 1924, I, 314). Während Novalis alles in der Innenwelt seines Gemüts erledigen wollte, ging, meint Brandes, „alles auf Erden in der äußeren Welt seinen Gang. Die äußere Welt ließ sichs nicht im mindesten anfechten, daß der Dichter und der Denker sie in die innere auflösten." (ebd. I, 323)

Dem bis heute nachwirkenden negativen Urteil des Hegelianismus steht eine enthusiastisch positive Tradition gegenüber. Sie beginnt mit dem Novalis-Kult der unmittelbaren Nachfahren, setzt sich fort mit dem romantisch-katholischen Novalis-Urteil beim späten Eichendorff und erreicht ihren Höhepunkt mit der neuromantischen Wiederentdeckung des Novalis zur Zeit der Jahrhundertwende. Von da an ist der Ton meistens hymnisch gehoben, wenn die Rede auf den früh verstorbenen Dichter kommt. Die Erhebung über das Wirkliche gilt jetzt als Stärke, nicht als Schwäche. Der Weg nach innen wird einer entseelten Zeit als Heilmittel angepriesen.

Im Zentrum dieser Deutungen steht das Sophienerlebnis. Der Tod der jungen Braut Sophie von Kühn treibt Novalis vom Irdischen weg. Er will ihr nachsterben. So wird er der Dichter einer höheren, übersinnlichen Welt. Typisch für den angestrengten Tiefsinn mancher Novalis-Verehrung sind die folgenden Sätze aus Martinis kleiner Literaturgeschichte: „Dieses Liebes- und Todeserlebnis bedeutete den Durchbruch zu seiner eigenen Natur; er begriff die Liebe als eine kosmische und seelische Elementargewalt und verlangte, aus der Kraft des magischen inneren Bewußtseins, der Geliebten nachzusterben, um sich mit ihr in höchster Vergeistigung im Unendlichen zu vereinen." (Deutsche Literaturgeschichte, 9. Aufl., 1958, S. 311) Große Worte – aber welche Realität steht eigentlich dahinter? Wie macht man das, sich mit jemandem in höchster Vergeistigung im Unendlichen vereinen?

Es entsteht eine schwärmerische Novalis-Legende. Von Sophies Tod 1797 zu des Dichters Tod 1801 baut sie eine Brücke, so, als wäre das Nachsterben geglückt. „Der Tod seiner 15jährigen Braut Sophie von Kühn erschütterte ihn aufs tiefste und weckte in ihm die Sehnsucht nach dem Tod. Schon früh von der Lungenschwindsucht gezeichnet, sank er bereits mit 29 Jahren ins Grab" – so schreibt eine einst vielverwendete Schulliteraturgeschichte (Krell, Deutsche Literaturgeschichte, 10. Aufl. 1963, S. 223). Die Wahrheit sieht anders aus. Zwischen Sophiens und Novalis' Tod liegen vier Jahre, in denen die dichterischen und theoretischen Hauptwerke entstehen, in denen Novalis weltoffen und lebensfroh seinem Beruf nachgeht, in denen er sich erneut verlobt und große Zukunftspläne macht.

Kehren wir zurück zu unserem Gedicht. Der Text fand sich in den Materialien und Notizen für den zweiten Teil des unvollendeten Romans ‚Heinrich von Ofterdingen', stammt also aus dem letzten Lebensjahr. Die Kapitelanfänge und -schlüsse wollte Novalis jeweils mit einem Gedicht zieren (vgl. I, 341). ‚Wenn nicht mehr Zahlen und Figuren' ist eines dieser Gedichte. Es war wohl für den Mund der Astralis-Gestalt bestimmt, die auch das Anfangsgedicht des zweiten Teils spricht, und sollte vielleicht den Schluß des Romans überhaupt bilden. „Den innern Geist seiner Bücher" habe der Verfasser darin ausgedrückt, meinte auch Ludwig Tieck in seinem Bericht über die Fortsetzung des ‚Ofterdingen' (I, 360). Es wäre dann die Quintessenz nicht nur des Romans, sondern des Gesamtwerks und, da Novalis als der Romantiker schlechthin gilt, Inbegriff der Romantik überhaupt.

Der Aufbau des zwölfzeiligen Gedichts ist einfach. In den ersten zehn Zeilen erzeugen regelmäßiger Wechsel von Hebung und Senkung sowie der weibliche Reim den Eindruck ruhigen Fließens. Das Tempo steigert sich in der zweiten Hälfte des Gedichts, mit dem „dann" in Vers 7 und dem „und" (statt der Wiederholung des „wenn") in Vers 9. Das letzte Verspaar weicht ab durch zwei Doppelsenkungen und durch den männlichen Reim. Die Schlußzeilen sind dadurch zugleich beschwingter und entschiedener. Sie enthalten die Schlußfolgerung, das endgültige „dann" zu den fünf „Wenn"-Sätzen, die die Bedingungen nennen, die herrschen müssen, daß die Folge eintreten kann.

Prüfen wir nun diese Bedingungen genauer. Daß „Zahlen" auf Berechnung und Ökonomie hindeuten, scheint ziemlich klar. Was aber sind „Figuren"? Die Lösung ist einfach. Die Wendung „Zahlen und Figuren" stammt aus dem Märchen, das Klingsohr am Ende des ersten Teils des ‚Ofterdingen' erzählt. Dort ist von einem unaufhörlich schreibenden „Schreiber" die Rede, der offenbar die Aufklärung verkörpern soll. Eine göttergleiche Frau taucht alles, was er geschrieben hat, in eine dunkle Schale mit klarem Wasser, wobei das Geschriebene meistens wieder ausgelöscht wird.

Trifft ein Tropfen dieses Wassers den Schreiber selbst, so fallen „eine Menge Zahlen und geometrische Figuren nieder, die er mit vieler Ämsigkeit auf einen Faden zog, und sich zum Zierrath um den mageren Hals hing“ (I, 294). Die „Figuren“ gehören also in den Bereich der Geometrie.

Die Wendung gegen Mathematik und Geometrie ist auffallend, war doch Novalis bis dahin ein Freund dieser Wissenschaften. Aber es scheint im letzten Lebensjahr eine Abwendung von der Philosophie und von den Wissenschaften gegeben zu haben. „Ich bin froh, daß ich durch diese Spitzberge der reinen Vernunft durch bin, und wieder im bunten erquickenden Lande der Sinne mit Leib und Seele wohne“, schreibt Novalis an Just im Februar 1800 (IV, 321). Der Ausdruck „Spitzberge“ ist ein Wortspiel mit dem Namen der norwegischen Stadt Spitzbergen. Er bezieht sich wieder auf die Aufklärung, denn in ‚Die Christenheit oder Europa‘ (Oktober 1799) findet sich der Ausdruck im gleichen Zusammenhang einer Antithese zur Poesie. („Reizender und farbiger steht die Poesie, wie ein geschmücktes Indien dem kalten, todten Spitzbergen jenes Stubenverstandes gegenüber.“ III, 520) Die Wendung gegen die Aufklärung kann also als ausreichend gesichert gelten.

Wer sind „die so singen, oder küssen“? Im Traume sprach Heinrichs Vater mit gelöster Zunge, und es klang wie Musik (I, 202). Die geliebte Mathilde erscheint ihm im Traum im Kelch der blauen Blume; sie ist der „Geist des Gesanges“ und wird ihn „in Musik auflösen“ (I, 277). Dichtung ist „Gesang“, Philosophie „Rede“ (III, 693). Singen hängt also mit Träumen und Dichten zusammen, außerdem mit Lösen. „Lösen“ gehört in eine Gruppe naturwissenschaftlicher Bilder, in der jeweils das Feste, Starre, Abgegrenzte, Erfrorene und Kristallisierte gegen das Fließende, Schmelzende, Vermischende und Grenzenaufhebende steht. Die Poesie macht alles flüssig. Das Wasser ist bei Novalis das Bild der erotischen Vermischung in der Liebe, die die starren Grenzen zwischen den Individuen auflöst. Es ist zugleich das Bild des Todes, der endgültig alles mit allem auflösend vereinigt.

Auch zur Bedeutung von „Küssen" bietet der Roman den Schlüssel. In orientalischen Mythen der Vorzeit, so las Novalis es bei Herder, wurden paradiesische Geister durch einen Kuß gezeugt. Aus dem Kuß von Heinrich und Mathilde (I, 276) geht der Sterngeist Astralis hervor, der die Poesie verkörpert (I, 317, 643). Küssen erzeugt Dichten.

Zwei Jahre früher hatte Novalis vom Küssen allerdings in einer Bedeutung gesprochen, die der Philosophie eine höhere Stelle als der Poesie einräumt. Er schrieb: „Zur Welt suchen wir den Entwurf – dieser Entwurf sind wir selbst". Die Welt, als Ausführung des Entwurfs, ist also dem Ich gleich. Das Ich, das sich der Welt gegenüberstehend wähnt, steht insofern sich selbst gegenüber. Daraus folgert Novalis, daß der Mensch mit sich selbst eine glückliche Ehe führen müsse. Er spricht vom „Act der Selbstumarmung" und fährt fort:

„Man muß sich nie gestehen, daß man sich selbst liebt – Das Geheimniß [Geheimhalten] dieses Geständnisses ist das Lebensprincip der alleinwahren und ewigen Liebe. Der erste Kuß in diesem Verständnisse ist das Princip der Philosophie – der Ursprung einer neuen Welt – der Anfang der absoluten Zeitrechnung – die Vollziehung eines unendlich wachsenden Selbstbundes." (VF 74)

Der erste Kuß ist das „Gestehen, daß man sich selbst liebt", also nichts anderes als das Erwachen des Philosophen zum Bewußtsein seiner selbst und der Welt. Diese Erkenntnis ist eine transzendentale, weil sie nicht auf den Inhalt des Denkvorgangs abzielt, sondern auf seine Struktur. Küssen in diesem Sinne wäre also die transzendentalphilosophische Erkenntnis der Identität des Bauplans von Ich und Welt. Erkennen ist mithin ein „Act der Selbstumarmung" und ein Kuß.

Vielleicht hat Novalis daran nicht mehr gedacht, als er sein Gedicht schrieb. Die Transzendentalphilosophie aber hat er nicht preisgegeben. Das zeigen die folgenden zwei Verspaare. Daß sich die Welt ins freie Leben und wieder zurück zur Welt begeben sollte, wirkt erst einmal rätselhaft. Es könnte sich aber um die gleiche Selbstverdoppelung auf der Seite der Welt handeln, die wir eben für das Ich beobachtet haben. Die Welt erfährt sich als Freiheit (da ihr Entwurf ja das freie Ich ist) und kehrt mit diesem Wissen wieder zu sich selbst zurück. Sie ist dann transzendentalphilosophisch sich ihrer selbst bewußt gewordene Welt. Auch in ihrer „Freythätigkeit und Selbstbeziehung" müsse die Welt dem Ich als ihrem Entwurf gleich sein, forderte die oben zitierte Notiz.

Aus dieser Gleichheit von Welt und Ich zieht Novalis die kühne Konsequenz, daß wir die Welt dann auch mit der Kraft unseres Ichs verändern können. Die Natur, so drückt er sich an anderer Stelle aus, sei der Plan unseres Geistes. Setzen wir den Geist in Tätigkeit, können wir auch die Natur verändern. Es hängt nur von uns ab, unsere Sinne „beliebig in Thätigkeit zu versetzen", gar „uns einen Körper zu geben, welchen wir wollen" (VF 248). Dies ist gemeint, wenn man vom „magischen Idealismus" des Novalis spricht. („Magie ist = Kunst, die Sinnenwelt willkührlich zu gebrauchen." – VF 109)

Licht und Schatten sollen sich zu echter Klarheit gatten. Licht und Schatten werden im ‚Ofterdingen' zuerst vertauscht (I, 301) und sollten am Ende des Romans dann aufgehoben werden, wie das Sonnenreich überhaupt (I, 369). „Gatten" erinnert an die „Vermählung" der Jahreszeiten, des Frühlings mit dem Herbst, des Sommers mit dem Winter (I, 355), der Zukunft mit der Vergangenheit. In den ‚Vermischten Bemerkungen' (‚Blüthenstaub', 1797) war das Verhältnis von Licht und Schatten bereits einmal bestimmt worden: „Die Außenwelt ist die Schattenwelt – Sie wirft ihre Schatten in das Lichtreich" (VB 17). Das Lichtreich ist innen. Sobald die Verfinsterung durch die schattenwerfende Außenwelt vorüber wäre, wäre im Innern Licht.

Im Juni 1800, also ungefähr zeitgleich, schreibt Novalis an Friedrich Schlegel: „Die Antipathie gegen Licht und Schatten, die Sehnsucht nach klaren, heißen, durchdringenden Aether". Dieser Aether ist offenbar ein Bild für die „ächte Klarheit", die durch die Ehe von Licht und Schatten entsteht. Diese Ehe ist keine Vermischung, sondern der transzendentalphilosophische Rekurs auf eine Licht und Schatten vorausliegende Ebene, auf ihren Ermöglichungsgrund, auf das Prinzip, das Licht und Schatten als voneinander unterschiedene erst aus sich entläßt.

Hier kämpft also nicht, wie in den ‚Hymnen an die Nacht', das wohltuende Dunkel gegen das freche Licht. Der Kampf gegen das Licht erfolgt nicht im Namen des Schattens, sondern im Namen eines dritten, Licht und Schatten vorausliegenden Prinzips. Die Aufklärungskritik des Novalis erfolgt deshalb nicht im Namen des Irrationalismus, sondern im Namen der Transzendentalpoesie. Novalis überbietet die Intellektualität der Aufklärung, weicht vor ihr nicht einfach ins Gefühl zurück.

Eine Bestätigung dieser Lesart ist das Wörtchen „ächt". Es tritt bei Novalis stets auf, wenn die gewöhnliche Ebene von der transzendentalphilosophischen unterschieden werden soll. Der „ächt idealistische Weg des Physikers" (FrS 291), die „ächtkatholischen" Zeiten (III, 509) und die „ächtpoëtischen Menschen" (VF 33), die „ächte Demokratie" (VB 122), das „ächte System" (GL 18), der „ächte König" und die „ächte Republik" (GL 22) sind solche Wendungen. „Der ächt moralische Mensch ist Dichter" (VF 49), und „der transscendentale Dichter ist der transscendentale Mensch überhaupt" (VF 47). „Die Poesie ist das ächt absolut Reelle." (VF 473)

In gleicher Bedeutung kommt das Wörtchen „wahr" vor. Die wahren Weltgeschichten sollen in Märchen und Gedichten erkannt werden. „Alle Mährchen sind nur Träume von jener heymathlichen Welt, die überall und nirgends ist." (VF 196) Was die Märchen sagen, ist so Rede vom

Wesen der Welt. Dieses Wesen ist uns prinzipiell zugänglich: „Es liegt nur an der Schwäche unsrer Organe und der Selbstberührung, daß wir uns nicht in einer Feenwelt erblicken.“ (ebd.)

Die Wenn-Dann-Struktur des Gedichts ist nicht nur temporal gemeint, sondern zugleich kausal. Die Folge liegt also nicht nur in der Zukunft, sondern auch in der Gegenwart. Wenn wir schon jetzt so handeln, wie es die Wenn-Sätze fordern, dann ist die Feenwelt, die heimatliche Welt, das goldene Zeitalter schon da. Nur deshalb können wir zaubern, nur deshalb fliegt das verkehrte Wesen vor einem geheimen Wort fort, weil das wahre Wesen der Welt ohnehin schon da ist. Der magische Idealist verzaubert die Welt nicht, sondern er entzaubert sie, indem er sie als das behandelt, was sie eigentlich ist. „Supposition des Ideals [...] ist die Methode, es zu finden“ (ABr 603). Wenn ich die Welt als Märchenwelt behandle, dann wird ihre wahre Ordnung von selbst sichtbar.

Aber es ist zugleich die Ordnung des Todes. Das „geheime Wort“ verweist im Kontext des ‚Ofterdingen‘ auf Heinrichs Traum am Ende des sechsten Kapitels. Im Traum ertrinkt Mathilde in einem Strom, Heinrich geht ihr nach, sie findet ihn auf dem Grund, der blaue Strom fließt leise über ihrem Haupte, sie küßt ihn und sagt ihm „ein wunderbares geheimes Wort in den Mund, was sein ganzes Wesen durchklang“. (I, 279)

Der Tod im fließenden, lösenden, vereinigenden Wasser läßt das Individuum jene transzendentalphilosophische Ebene erreichen, auf der es das Wesen erkennt und alles kann. Der Tod ist der eigentliche Garant der hymnischen Utopien im Werk des Novalis. Er ist das innerste Zentrum des Singens und Küssens, der echten Klarheit und der Märchenwelt; in ihm verbinden sich Poesie, Liebe und goldenes Zeitalter. Es sind die Spuren des Todes im Leben, an denen er die Anwesenheit einer anderen Welt in der unseren erkennt. Im Tod nur ist die Erlösung.

Kreisaktuarius und Salinenassessor

Der Dichter und sein Beruf

Die deutsche Klassik war kleinstädtisch. Das gibt ihr den Reiz nachbarlicher Intimität. Auch einem unerfahrenen jungen Mann wie dem Schüler und Studenten Friedrich von Hardenberg waren die Klassiker zugänglich. Mit siebzehn Jahren traf er den damals hochberühmten Gottfried August Bürger, den Dichter der ‚Lenore'. Mit achtzehn Jahren hörte er Friedrich Schillers Vorlesungen. Als Schiller schwer erkrankte, hielt er bei ihm Nachtwachen und kam ihm vertraulich nahe (IV, 569). Der Neunzehnjährige beeindruckt Christoph Martin Wieland durch seine Bescheidenheit (I, 744). Kurz danach lernt er Friedrich Schlegel kennen. Mit dreiundzwanzig ist er, übrigens zusammen mit Hölderlin, bei Fichte zu Gast. Goethe, gar nicht hochmütig, besuchte die todkranke Sophie von Kühn (IV, 453). Die erste persönliche Begegnung Goethes mit Novalis kam erst 1798 zustande und verlief wohl ziemlich kühl (IV, 616, 256), ein zweiter Besuch folgte 1799 (IV, 631). Auch Jean Paul, Friedrich Schelling und Ludwig Tieck lernte Hardenberg in diesen Jahren persönlich kennen.

Für Novalis war die deutsche Klassik also eine familiär vertraute Welt. Das Weltniveau seines geistigen Umgangs steht in einem merkwürdigen Verhältnis zur Provinzialität seiner geschichtlichen Erfahrung. Goethe hatte sich die große Welt der Geschichte durch persönlichen Umgang mit den Mächtigen, durch viele weite Reisen und durch persönliche Teilnahme an den historischen Ereignissen seiner Zeit erschlossen (Ministeramt, ‚Kampagne in Frankreich', Begegnung mit Napoleon etc.). Novalis aber kennt die große Welt nur als Literatur, nicht aus eigener Erfahrung. Das Berliner Königspaar, das er in ‚Glauben und Liebe' enthusiastisch besingt, hat er nie gesehen. Sein Lebensbereich war im wesentlichen auf Sachsen und Thüringen beschränkt. Seine Hauptaufenthaltsorte waren ländlich, wie Oberwiederstedt, Lucklum und Grüningen, oder kleinstädtisch, wie Weißenfels (damals 3800 Einwohner) und Jena (damals 4500 Einwohner). Die größte Stadt, die er je kennenlernte, war Leipzig mit seinen rund 30000 Bewohnern. In diesem kleinen Umkreis war er allerdings sehr viel unterwegs.

Er lebte also in einer kleinen Welt. Von vornherein war die große Welt für ihn eine Welt im Kopf, die konkrete Erfahrung mit der wirklichen großen Welt fehlte. Weil die Kontrolle durch die Wirklichkeit deshalb so gering war, fiel es dem jungen Mann leicht, sich über alles und jedes, über Recht und Medizin, Politik und Philosophie, Physik, Chemie, Geschichte, Religion und Ökonomie auf die souveränste Weise zu äußern.

Er muß äußerst leichtbeweglichen Geistes gewesen sein. Aus der kleinsten Beobachtung macht er einen Weltentwurf. Auf schmalstem empirischem Fundament türmen sich gewaltige Luftschlösser. Zwischen ihnen zuckt ein Gewitter von Geistesblitzen. Auch wenn an der Solidität vieler Ideen Zweifel angebracht sind – das Schauspiel ist staunenswert.

Lange Zeit zweifelte er an sich. „Ich muß mehr Festigkeit, mehr Bestimmtheit, mehr Plan, mehr Zweck zu erringen suchen" (5.10. 1791 an Reinhold). Er litt an der Überempfänglichkeit seines Geistes, die er für einen weibischen Zug hielt. Der Dichter der ‚Klagen eines Jünglings' schämt sich, daß sein Leben so rokokohaft genießerisch verläuft, und fleht um Männlichkeit (I, 538f.). Da er das Studium der Jurisprudenz nicht recht ernst zu nehmen schien und sich stattdessen lieber mit Mädchen, Fechten und Schuldenmachen abgab, ließ sein Vater Schiller bitten, er möge seinen

Einfluß geltend machen. Schiller tat dies, hingerissen folgte ihm der Jüngling. Er war kontaktfreudig, begeisterungsfähig und äußerst redselig. Friedrich Schlegel schrieb über ihn, halb ergriffen, halb ironisch, an seinen Bruder (Januar 1792):

„Das Schicksal hat einen jungen Mann in meine Hand gegeben, aus dem Alles werden kann. – Er gefiel mir sehr wohl und ich kam ihm entgegen; da er mir dann bald das Heiligthum seines Herzens weit öffnete. Darin habe ich nun meinen Sitz aufgeschlagen und forsche. – Ein noch sehr junger Mensch – von schlanker guter Bildung, sehr feinem Gesicht mit schwarzen Augen, von herrlichen Ausdruck wenn er mit Feuer von etwas schönem redet – unbeschreiblich viel Feuer – er redet dreymal mehr und dreymal schneller als wir andre – die schnellste Fassungskraft und Empfänglichkeit. Das Studium der Philosophie hat ihm üppige Leichtigkeit gegeben, schöne philosophische Gedanken zu bilden – er geht nicht auf das wahre sondern auf das schöne – seine Lieblingsschriftsteller sind Plato und Hemsterhuys – mit wildem Feuer trug er mir einen der ersten Abende seine Meinung vor – es sey gar nichts böses in der Welt – und alles nahe sich wieder dem goldenen Zeitalter. Nie sah ich so die Heiterkeit der Jugend. Seine Empfindung hat eine gewisse Keuschheit die ihren Grund in der Seele hat nicht in Unerfahrenheit. Denn er ist schon sehr viel in Gesellschaft gewesen (er wird gleich mit jedermann bekannt) ein Jahr in Jena wo er die schönen Geister und Philosophen wohl gekannt hat besonders Schiller. Doch ist er auch in Jena ganz Student gewesen, und hat sich wie ich höre oft geschlagen. – Er ist sehr fröhlich sehr weich und nimmt für itzt noch jede Form an, die ihm aufgedrückt wird. –“ (IV, 571 f.)

Eine vortreffliche Charakteristik! Sie enthält die Grundwidersprüche, mit denen jede Novalis-Deutung zu kämpfen hat: das Lebenskräftige neben dem Schwärmerischen, die Weltoffenheit neben der Reinheit, die Beeinflußbarkeit

Abb. 1: Novalis. Gemälde von Franz Gareis, um 1799

neben der Keuschheit. Gedanken, die bei jedem anderen anmaßend oder einfältig wirken würden, nehmen wir im Falle des Novalis an, weil sie so ganz ohne Falsch, so verwirrend rein und gläubig geäußert werden. Ohne das, was Schlegel Keuschheit nennt, könnte man wahrscheinlich schnell die Akten über Novalis schließen.

Schwer ins Bild des träumerischen Romantikers paßt die Ausbildung Hardenbergs. Sie störte seine Verehrer. „Es macht aber eine sonderbare Wirkung und stört doch, wenn man sich den Novalis als Amtshauptmann oder als Salzbeisitzer denkt. Das ist entsetzlich!!" So urteilte Justinus Kerner 1810 (IV, 550). (Er fügt noch hinzu: „Die Jungfer Charpentier stört auch so die Poesie.")

Die berufliche Laufbahn, die Hardenberg, mehr oder weniger zufällig, erst zum Verwaltungsjuristen und dann zum Bergbaubeamten werden läßt, beginnt 1790 mit dem Studium der Rechte in Jena. 1791 immatrikuliert er sich in Leipzig (Jurisprudenz, Mathematik und Philosophie), mit guten Vorsätzen, das lockere Leben aufzugeben, doch immer noch von dem Wunsche beseelt, sich nicht von der „Brodwissenschaft Abälardisiren" (entmannen) zu lassen (5.10. 1791 an Reinhold). 1793 will er, nach einer feurigen Liebesgeschichte, Soldat werden, um sich zu disziplinieren, in der Hoffnung, die Erfüllung dieses Wunsches werde „die fieberhafte Unruhe stillen, die jetzt meine ganze Seele bewegt" (9. 2. 1793 an den Vater). Geldmangel bestimmt ihn, weiterzustudieren, in Wittenberg, wo er 1794 das juristische Staatsexamen ablegt. Daraufhin wird er Aktuarius (eine Art Verwaltungsassistent) beim Kreisamt in Tennstedt. Dort lernt er auch Sophie von Kühn kennen. Eigentlich hatte er in den preußischen Staatsdienst treten wollen; diese Pläne zerschlagen sich jedoch, weil er in der Nähe seiner Verlobten und seiner Familie bleiben will. Er tritt deshalb in den Geschäftsbereich seines Vaters ein und wird 1796 Akzessist in der kursächsischen Salinenverwaltung. „Weder Neigung noch Studien" hätten ihn für diese Laufbahn bestimmt, schreibt er im Juni 1799 an Oppel. Dennoch nimmt er seine Arbeit mit wachsendem Eifer an. Er war anpassungsfähig, mehr noch, er hatte die Gabe, immer das gut zu finden und gut zu machen, was das Leben ihm gerade abverlangte.

Der Salzbergbau begann ihn zu interessieren. Seine naturwissenschaftliche Ausbildung war jedoch unzureichend. Aus Liebe zu den Wissenschaften, nicht eigentlich, um sich für höhere Ämter in diesem Bereich zu qualifizieren (Brief an Oppel, Juni 1799), wurde er Ende 1797 erneut Student, an der Bergakademie in Freiberg. Noch mit 27 Jahren liegt er seinem Vater auf der Tasche (ebd.). Erst Ende 1799 wird er Salinenassessor. Kurz vor seinem Tod wird er außerdem noch zum Amtshauptmann ernannt, übt dieses Amt aber nicht mehr aus.

In seinem Beruf war er tüchtig und geschickt. Seine beruflichen Schriften sind frei von Schwärmerei. Die neuere Forschung pflegt daraus auf seinen Realitätssinn zu schließen, was wohl richtig ist, aber auf das Berufliche beschränkt werden muß. Das Berufliche und das Dichten scheinen sich auf verschiedenen Feldern abgespielt zu haben, die nicht zur Einheit kommen. Novalis selbst hielt seine Schriftstellerei ausdrücklich für Nebensache, die Hauptsache sei das praktische Leben (5. 12. 1798 an Rahel Just). Zwischen dem gedichteten Bergmann im ‚Ofterdingen' und der eigenen Berufsarbeit klafft ein kaum zu schließender Riß. Die Romantisierung des Bergmannes im Roman stand im klaren Widerspruch zur Berufspraxis. Diese zielte eindeutig auf ökonomische Ausbeutung von Bodenschätzen, während jene sich *gegen* die Erniedrigung der Bodenschätze im Berginnern zur Ware wendet. Eine gründliche Untersuchung, zu der Hardenberg im Sommer 1800 beauftragt war, hatte den dezidierten Zweck, „mineralisches Brennmaterial in jenem Distrikte aufzusuchen" (Gerhard Schulz, in: Novalis – Wege der Forschung, 1986, S. 330). Im ‚Ofterdingen' aber preist der alte Bergmann die „Unschuld und Kindlichkeit des Herzens" und fährt fort:

„Arm wird der Bergmann geboren, und arm gehet er wieder dahin. Er begnügt sich zu wissen, wo die metallischen Mächte gefunden werden, und sie zu Tage zu fördern, aber ihr blendender Glanz vermag nichts über sein lautres Herz. Unentzündet von gefährlichem Wahnsinn, freut er sich mehr über ihre wunderlichen Bildungen, und die Seltsamkeiten ihrer Herkunft und ihrer Wohnungen, als über ihren alles verheißenden Besitz. Sie haben für ihn keinen Reiz mehr, wenn sie Waaren geworden sind […]" (I, 244f.).

Eine Viertelstunde hat sein Leben bestimmt

Sophie von Kühn

Den sinnenfrohen und lebenslustigen Aktuarius, „Friz, den Flatterer" (Erasmus von Hardenberg an Novalis, 12. 12. 1794), den unaufhörlich „der Wollustteufel chicaniert" hatte (an Brachmann, 16. 11. 1794), der schon so vielen Mädchen den Hof gemacht hatte (Erasmus an Novalis 4. 9. 1795), traf die Liebe zu Sophie von Kühn wie ein Blitz. Auf einer Dienstreise traf er die damals Zwölfjährige im November 1794 in Grüningen bei Tennstedt. Eine Viertelstunde habe sein Leben bestimmt, schreibt er an den Bruder Erasmus (laut dessen Antwortbrief vom 25. 11. 1794).

Sie muß eine unerklärliche Anziehungskraft gehabt haben, deren Geheimnis von heute aus kaum noch zu ergründen ist. Die wenigen Briefzeilen, die von ihr erhalten sind, sind konventionell und sagen wenig aus. Allenfalls ist ihnen ein spitzbübischer Charme zu entnehmen. Auch ihre Tagebuchnotizen geben kein Bild, sie lauten etwa: „Heute war Hartenberch bey uns es viel weider gar nichts vor." (IV, 587) Aber viele Menschen waren fasziniert von ihrer Schönheit und Anmut. Die Zeitgenossen äußern sich hymnisch: „Sie sieht so fromm, so still aus – als wäre sie nicht auf dieser Welt an ihrem Platze" (Novalis' Mutter, IV, 210). „Das himmlische Geschöpf, mit dem großen, alles anziehenden, eine Welt in sich fassenden Blicke", so beschreibt sie der Bruder Erasmus von Hardenberg (IV, 391). Wenn man die Grüninger Mädchensorte gesehen habe, kämen einem nur noch blutwenig Mädchen interessant vor (IV, 394). „Anfang und Ende der Welt liegt in dem Örtchen" (IV, 397). Ludwig Tieck faßt 1815 zusammen: „Alle diejenigen, welche diese wunderbare Geliebte unsers Freundes gekannt haben, kommen darin überein, daß es keine Beschreibung ausdrücken könne, in welcher Grazie und himmlischen Anmuth sich dieses überirdische Wesen bewegt, und welche Schönheit sie umglänzt, welche Rührung und Majestät sie umkleidet haben."

Dabei war sie kein durchsichtiges, halb entrücktes Geistwesen. „Söphgen tanzt, springt, singt, fährt nach Greussen zum Jahrmarkt, frißt wie ein Holzhauer, schläft wie ein Ratz, geht gerade wie eine Tanne, ist munter, lustig und vergnügt" (Rockenthien an Novalis 10. 2. 1796). Novalis selbst erwähnt ihr Tabaksrauchen, daß sie Aal und Rindfleisch mit Bohnen ißt und gern Wein trinkt und sich von ihm nicht duzen läßt; außerdem ihr „Gesicht bei Zoten" (Tagebuchblatt ‚Klarisse', IV, 24f.). Der Umgangston in Grüningen war offenbar frei, gesellig und gesprächig. Zum Spaß werden bereits Annoncen fingiert, um die Hochzeit anzuzeigen, um eine Kinderfrau zu suchen und dem ehrlichen Finder einer „S. v. H." signierten Schachtel mit Kinderkleidern einen Finderlohn anzubieten (IV, 152).

Es wäre aber auch falsch, das Sinnliche dieser Liebe ungebührlich in den Mittelpunkt zu rücken. Der in dieser Hinsicht bisher sehr empfängliche Novalis hätte „gemeine Gunstbezeugungen" für eine Erniedrigung seiner Liebe gehalten (IV, 366). Es ist etwas in dieser Liebe, was die gebräuchliche Psychologie entmachtet, etwas Reines und Keusches, das in unsere üblichen Erklärungsmodelle nicht paßt. Weder die Triebe noch die Karriere, weder Geld noch Geistesverbundenheit bieten zureichende Motive.

Die Alltagspsychologie hatte der Bruder Erasmus anzuwenden versucht, als er Novalis am 28. November 1794 in einem Brief davor warnt, sich zu früh zu binden und auf die Dauerhaftigkeit ihrer Unschuld zu bauen. „Laßt einmal eine zärtliche Stunde kommen und Ihr küßt Euch und herzt Euch, was das Zeug hält, und wenn es vorbei ist, so denkst Du, *es ist ein Mädchen, wie alle andern Mädchen!*"

Abb. 2: Sophie von Kühn. Medaillon mit 27 Perlen

Er behielt nicht recht. Vielleicht aber hätte er recht behalten. Es kam im November 1795 zu einer Krise. Novalis sieht den „schmutzigeren Revers" des Grüninger Idylls und meditiert über die möglicherweise „mißglückte Besiznehmung einer Sofie" (12. 11. 1795 an Erasmus). Sophies eben jetzt ausbrechende Krankheit verhindert, daß es zur Trennung kommt. Es waren die Vorboten des Todes, die das Abrutschen der Idealität ins gewöhnliche Leben verhinderten. Von jetzt an ist Sophies langwieriger Todeskampf der Inhalt der Beziehung. Bis März 1797 dauert ihre Leidensgeschichte, mit schrecklichen Quälereien durch drei Leberoperationen, denen die damalige Chirurgie nicht gewachsen war.

Der Ausbruch der Liebe zu Sophie hat die Struktur eines religiösen Erweckungserlebnisses. Novalis verändert sich plötzlich, wie einer, der eine Erscheinung gehabt hat und nach dieser sein Leben auszurichten beginnt. Die Sprache, in der er diese Liebe ausdrückt, ist die der Religion. Nicht von Erotik ist die Rede, sondern von Allgefühlen. Er behandelt seine Liebe wie eine religiöse Verpflichtung. Er pflegt sie mit eigentümlicher Bewußtheit. Mit ihrer Hilfe stabilisiert er sein unstetes Ich. Mit Sophie sei er alles, ohne sie ein Rohr im Wind (13. 10. 1795 an Erasmus). Daß sie nur ein Mittel sei, seinen Charakter zu festigen, hat der kluge Bruder Erasmus als erster erkannt. Ihn stört „das kalte entschlossene Wesen", mit dem Friedrich seine Liebe betreibt (28. 11. 1794). In Wahrheit fehle es ihm gerade an Festigkeit des Charakters und an Standhaftigkeit (ebd.). Wenig später, nämlich nachdem er Sophie gesehen hat, beginnt Erasmus allerdings, an diese Festigkeit zu glauben, gibt aber unwillkürlich das Bewußte und Gewollte der Beziehung zu: „Der Mensch – und vorzüglich der Mann kann alles, was er nur will", bestätigt er dem Bruder, dessen Fichte-Begeisterung aufnehmend (12. 12. 1794).

Die Zeit mit Sophie ist zugleich die der Fichte-Studien. „Wissenschaften und *Liebe* füllen meine ganze Seele" (10.4. 1796 an Caroline Just). „Mein Lieblingsstudium heißt im Grunde, wie meine Braut" (8. 7. 1796 an Friedrich Schlegel), nämlich Philo-Sophie. Man neckte sie damit – „die Philosophie wäre krank", meldete ein Bote (20. 11. 1795 an Karl von Hardenberg). Von Fichte hat Novalis den Satz: Ich kann, was ich will (FS 659). Der Inhalt dieses Wollens ist Sophie und die mit ihr gegebene Verwandlung der Welt ins Höhere.

Der Tod erhält die Reinheit und Idealität dieser Liebe. Gott habe sie und ihn vor der schleichenden Ansteckung der Gemeinheit (= Gewöhnlichkeit) bewahren wollen, schreibt Novalis am 28. März 1797, kurz nach ihrem Tode (an C. Just). Am 13. April 1797 nennt er ihren Tod einen

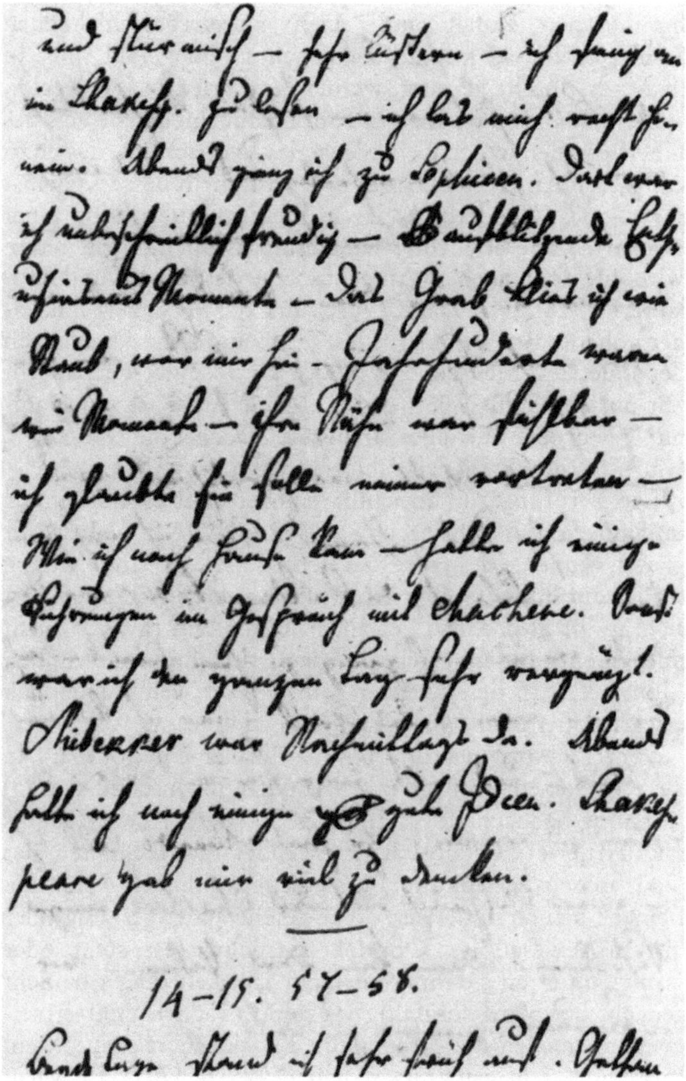

Abb. 3: Eine Seite des ‚Journals' mit dem Schluß der Eintragung vom 13. Mai 1797

himmlischen Zufall und einen wunderbarschicklichen Schritt: „Nur so konnte so manches rein gelößt, nur so manches Unreife gezeitigt werden“ (an Friedrich Schlegel).

Deshalb bleibt die Liebe zu Sophie für ihn der Beweis des Überirdischen in der Welt. Sie ist das Vermächtnis, das er zu realisieren hat. „Ihr Bild soll und wird mein besseres Selbst seyn – das Wunderbild, das in meinem Innern von einer ewigen Lampe erleuchtet wird und das mich gewiß retten wird für so manchen Anfechtungen des Bösen und Unlautern.“ (28. 3. 1797 an C. Just). Ihr Tod versichert ihn seiner höheren Bestimmung, „des Glaubens an die Samenideen der innersten Menschheit“ (ebd.). Er bedeutet den „Beruf zur unsichtbaren Welt“ (ebd.). „Meine Liebe ist zur Flamme geworden, die alles Irrdische nachgerade verzehrt.“ (13. 4. 1797 an Friedrich Schlegel).

Die Berufung zur unsichtbaren Welt faßt er erst einmal im Sinne von „Nachsterben“ auf (28. 3. 1797 an C. Just). Er glaubt, binnen eines Jahres zu sterben. Er liegt eine Zeitlang täglich auf ihrem Grab, treibt Kult mit ihren Reliquien, legt sich, in ihr Sterbekleid gewandet, in ihr Bett (IV, 605), läßt mit ihrem Todestag eine neue Zeitrechnung beginnen (‚Journal‘). „In tiefer, heitrer Ruh will ich den Augenblick erwarten, der mich ruft.“ (13. 6. 1797, IV, 46).

Vom 18. April bis zum 6. Juli führt er ein ‚Journal‘, in dem er seinen „Entschluß“ (nämlich ihr nachzusterben) sorgfältig beobachtet. Auch dieses Tagebuch ist ein Zeugnis säkularisierter Religiosität. Es wendet die Techniken der pietistischen Seelenkultur auf einem weltlichen Felde an. Beinahe täglich notiert er, ob er geschwätzig, gefräßig oder lüstern gewesen ist. Ob der Entschluß fest steht oder wankt, ob er an sie innig oder nur lau, kalt oder gar nicht gedacht hat, wird sorgfältig vermerkt. Täglich mißt er seinem Innenleben die Temperatur. Er versichert sich: „Mein Entschluß steht ganz unwandelbar“ (29. 6. 1797). Er warnt sich: „Bey meinem Entschluß darf ich nur nicht zu vernünfteln anfangen“ (22. 5. 1797). Und, sehr aufschlußreich für den fichtianisierenden Voluntarismus seines Wesens, für den Hang zur Selbstüberredung und zur Autosuggestion: „Über den Entschluß muß ich nicht mehr raisonniren – und wie ich mich zum bestimmten Denken nöthige, durch Streben und gewisse Mittel auch bestimmte Stimmungen nach Willkühr in mir zu erregen suchen." (23. 5. 1797). Er weiß, was er an seiner Trauer hat: „Gott erhalte mir immer diesen unbeschreiblichen lieben Schmerz" (6. 6. 1797). Kühl schreibt deshalb Friedrich Schlegel: „Daß Hardenberg sich selbst tödtet, glaube ich nur darum nicht, weil er es bestimmt will, und es für den Anfang aller Philosophie hält [...] Uebrigens sehe ich ganz hartherzig zu." (Im Juli 1798 an Schleiermacher, IV, 620)

Das Verhältnis zur toten Sophie wird beäugt und gepflegt wie das Verhältnis zu Gott. Viel Unterschied besteht nicht mehr zwischen beiden. „Xstus und *Sophie*" lautet eine ‚Journal'-Notiz vom 29. 6. 1797. Unvermerkt ist aus der Liebe Religion geworden. Zur Zeit des Novalis scheint die Säkularisation noch leicht umkehrbar zu sein. Wie das Geistliche ins Weltliche, läßt sich auch das Weltliche ins Geistliche verwandeln.

„Indeß verstrich das Jahr, binnen welchen er zu sterben geglaubet hatte." (Just, IV, 545) Der Gedanke des aktiven Nachsterbens verblaßt. Anfang 1798 lernt er Julie von Charpentier kennen, mit der er sich im Dezember des gleichen Jahres verlobt. Sophie bleibt dennoch in seinem Werk lebendig. Sie bleibt der Motor der Idealisierung, des Wunsches, alles Irdische in eine höhere Welt zu ziehen.

Menschen von heute muß das alles höchst merkwürdig vorkommen. Das Gewollte daran macht mißtrauisch. Ist Sophie nicht nur Anlaß für hohe Gefühle? Kommt sie als Person überhaupt zu ihrem Recht? „Meine Liebe drückt sie oft", notiert Novalis (‚Klarisse', IV, 25). Er scheint sie ziemlich unter Druck gesetzt zu haben mit seinen überspannten Ideen. Wenn sie ihrerseits gefragt wird, ob sie ihn liebe, bejaht sie zwar höflich, aber sie antwortet doch beinahe ausweichend, jedenfalls ganz ohne den hymnischen Tonfall, der die Äußerungen ihres Liebhabers kennzeichnet (Karl von Hardenbergs Brief vom 6. 3. 1796 zufolge, IV, 596). Ist sie vielleicht (in Carl Schmitts Formulierung) nur wohlgepflegter Anlaß für romantische Produktivität? Ein Gegenstand der „Romantisierung", also der Technik, „dem Gemeinen einen hohen Sinn" zu geben (VF 105)?

Man sollte nicht zu billig urteilen. Eine ideologiekritische oder eine psychoanalytische Einkürzung Friedrich von Hardenbergs auf Interessen oder verunglückte Sexualität ist so leicht nicht möglich. Friedrich Schlegels Bemerkung von der „Keuschheit" verbietet jeden billigen Reduktionismus. Der Tag wird vielleicht kommen, wo eine differenziertere literarische Psychoanalyse einen Schlüssel für Person und Werk anbieten wird. Man kann es mit dem Narzißmus versuchen und die sehnsüchtige Beschwörung einer höheren Welt als jenes „ozeanische Gefühl" deuten, mit dem Freud die Religion erklärt und das nach neueren Theorien aus dem Narzißmus entsteht, also aus einer Entwicklungsstörung, die das Selbstgefühl dauerhaft an der frühkindlichen Einheit mit der Mutter festhalten läßt. Die Trennung von Ich und Welt gelingt nicht, die Welt bleibt im Ich und wird nicht gegenüberstehendes Objekt. Auf das unverstandene Gegenüber der Welt reagiert Narziß mit Einheits- und Allmachtsphantasien, mit der Ausbildung eines Größen-Selbst. „Aufblitzende Enthusiasmus Momente – Das Grab blies ich wie Staub, vor mir hin – Jahrhunderte waren wie Momente" (13. 5. 1797, IV, 36).

Der junge Friedrich Schlegel war ein kluger Kopf, der sich nicht so leicht etwas vormachen ließ. Über einen Besuch bei Novalis schreibt er damals an Caroline: „Gleich den ersten Tag hat mich H[ardenberg] mit der Herrnhuterey so weit gebracht, daß ich nur auf der Stelle hätte fortreisen mögen. Doch habe ich ihn wieder so lieb gewinnen müssen [...] ohngeachtet aller Verkehrtheit, in die er nun rettungslos versunken ist." (2. 8. 1796, IV, 598). Es geht mir wie ihm. („Herrnhuterey“ spielt an die Brüdergemeine in Herrnhut an, den Sitz des Pietismus Zinzendorfscher Prägung, bezieht sich hier aber offensichtlich auf Novalis’ Sophienschwärmerei, die Schlegel als ein parareligiöses Erlebnis begreift.)

Der magische Idealist

‚Blüthenstaub'

Die Jahre mit Sophie von Kühn waren zugleich Jahre intensiver philosophischer Studien. Ein rund 500 Seiten starkes Konvolut von Notizen ist erhalten geblieben, bestehend aus den umfangreichen Fichte-Studien (1795/96), den Hemsterhuis-Studien (1797) und den Kant-Studien (1797). Aus diesen und weiteren, verlorengegangenen Blättern hat Novalis Ende 1797 die Sammlung ‚Blüthenstaub' „abgekehrt", wie er am 24. Februar 1798 an August Wilhelm Schlegel schreibt. Sie wird kurz darauf im ersten Heft des ‚Athenäum' gedruckt. Mit ihr tritt Novalis das erste Mal an die Öffentlichkeit.

In seiner Entwicklung stehen die schwierigsten und abstraktesten Texte am Anfang, die (zumindest auf den ersten Blick) viel leichter faßlichen dichterischen Texte am Ende. Auf die Fichte-Studien blickt Novalis selbst mit dem Seufzer zurück, wie sauer es sei, „sich in diesem furchtbaren Gewinde von Abstractionen zurechtzufinden" (14. 6. 1797 an Friedrich Schlegel).

Novalis als Philosophen kann man nur verstehen, wenn man ein wenigstens fragmentarisches Verständnis der Transzendentalphilosophie Kants und Fichtes hat. Kant nennt diejenige Erkenntnis transzendental, die sich nicht mit den Gegenständen, sondern vorweg mit unseren Begriffen von Gegenständen überhaupt beschäftigt. Seine ‚Kritik der reinen Vernunft' untersucht nicht die Inhalte und Gegenstände des Denkens, sondern die Werkzeuge, mit denen wir denken. Dabei zeigt sich, daß jede Erkenntnis von der vorgegebenen Struktur des Erkenntnisorgans abhängig ist. Unser Erkenntnisorgan (unser Kopf) ist an die Kategorien des Raumes, der Zeit und der Kausalität gebunden. Ein Begriff wie „Ewigkeit“ ist unserer Erkenntnis deshalb nicht wirklich zugänglich, denn solange wir ihn uns nur als ins Unendliche verlängerte Zeit vorstellen, werden wir der Ewigkeit, in der die Kategorie der Zeit ja gänzlich aufgehoben sein müßte, gerade nicht gerecht.

Damit hatte der „Alleszermalmer“ Kant die großen Gegenstände der traditionellen Metaphysik, vor allem den Begriff „Gott“, in die Zone des von der reinen Vernunft prinzipiell Unerreichbaren verbannt (womit nichts über die Existenz Gottes ausgesagt sein sollte, nur etwas über seine Erkennbarkeit). Alle Wahrheit schien nun ins erkennende Subjekt zurückverlagert, keine objektive Erkenntnis mehr möglich zu sein. Die vermeintliche Objektivität der Welt war in Abhängigkeit von den Bedingungen des Erkenntnisorgans geraten. Während Heinrich von Kleist in seiner Kantkrise daraus auf die prinzipielle Unerkennbarkeit der Welt und die Subjektivität jeder Wahrheit schloß und fortan auf das Gefühl setzte, suchte Fichte in seiner Wissenschaftslehre nach einer neuen, der Kantschen Kritik gewachsenen Begründung des Denkens.

Auch Fichtes ‚Wissenschaftslehre‘ will keine Einzelwissenschaft sein, sondern Transzendentalphilosophie, also Lehre nicht von Inhalten, sondern von Prinzipien des wissenschaftlichen Erkennens. Fichte radikalisiert die Kantsche Kritik, indem er nur mehr das denkende Ich als letzte Ursache begreift. Indem es sich denkt, hat dieses Ich sich zugleich selbst gesetzt. Ohne Selbstbewußtsein (im transzendentalen, nicht im psychologischen Sinne) gibt es kein Ich. Das Ich setzt in einem zweiten Schritt die materielle Welt als Nicht-Ich. Die wahrgenommene dingliche Welt ist somit das Produkt unseres eigenen Vorstellungsvermögens. Das Ich ist frei, nicht bestimmt durch die Dinge, sondern die Dinge bestimmend. Die Dinge sind das Material unserer Pflicht.

Daraus erwächst ein ungeheurer moralischer Rigorismus und Aktivismus. Anders als heute, wo unter dem Einfluß von Materialismus und Psychoanalyse viele sich primär als Opfer, als Produkt der Umstände fühlen, sieht der Idealist Fichte den Menschen stets als Täter, stets verantwortlich. Kategorisch erklärt er: „Der Mensch *kann*, was er *soll*; und wenn er sagt: ich *kann* nicht, so *will* er nicht." (Schriften zur Revolution, Frankfurt/Berlin/Wien 1973, S. 109)

Novalis geht noch einen Schritt weiter über Kant und Fichte hinaus zum „magischen Idealism" (Teplitzer Fragment 56, VF 375, Juli 1798). Er radikalisiert die setzende Kraft des Ich zu einer welterlösenden Kraft. Er will aus der Prinzipienerkenntnis einen auch subjektiv vollziehbaren weltsetzenden Akt machen. „Fichte hat den thätigen Gebrauch des Denkorgans gelehrt – und entdeckt. Hat Fichte etwa die Gesetze des thätigen Gebrauchs der Organe überhaupt entdeckt?" (VF 247) Nicht nur mit dem Denkorgan, mit allen Organen will Novalis bewußt tätig werden. „Unser ganzer Körper ist schlechterdings fähig vom Geist in beliebige Bewegung gesezt zu werden." (ebd.) Das Werk des jungen Romantikers bildet die höchste Aufgipfelung des Idealismus, dessen Spitze sich unter der allzu hoch aufgetürmten Last aber bereits zu neigen beginnt.

Werfen wir nun einen Blick auf die Fragmentsammlung ‚Blüthenstaub'. Da der Text im ‚Athenäum' von Friedrich Schlegel verändert wurde, zitieren wir die unter dem Titel ‚Vermischte Bemerkungen' (VB) erhaltene Handschrift in der Numerierung der Kritischen Ausgabe. Novalis unterscheidet zwischen der „gewöhnlichen" Philosophie, das ist die der Aufklärer und Materialisten, und der „ächten", das ist die Transzendentalphilosophie. Die Aufklärer haben das Denken gelernt „wie ein Schuster das Schuhmachen", aber sich nie bemüht, „den Grund der Gedanken zu finden" (VB 45). Sie sind „Philister", die nur alltägliche Zwecke kennen, Poesie alle sieben Tage zur Erholung einschieben (was Novalis sehr hübsch als „poetisches Septanfieber" bezeichnet) und Religion nur als „Opiat“ kennen (VB 76; viel später erst wird auch Karl Marx die Religion als Opium des Volkes definieren). Das aufgehäufte Wissen steht ihnen im Wege; eine glückliche neue Idee wird eher von einem geistvollen Anfänger als von ihnen zu erwarten sein. „Daher verliert man durch zu vieles Studiren an Capacitaet.“ (VB 89, ein typisches Novalis-Paradoxon und ein hübscher Merksatz für Studenten.)

Gegen diese gewöhnliche Philosophie stellt er fest: „Das erste Genie, das *sich selbst durchdrang*, fand hier den Keim einer unermeßlichen Welt“ (VB 93). Er fordert: „Die höchste Aufgabe der Bildung ist – sich seines transscendentalen Selbst zu bemächtigen – das Ich ihres Ichs zugleich zu seyn.“ (VB 28) „Ich ihres Ichs“ ist eine charakteristische Wendung, um das Transzendentale der Reflexion anzuzeigen. Im gleichen Sinne spricht Novalis vom „Genie des Genies“ (VB 23) und vom „Dichter des Dichters“ (VB 68). Das Ich des Ichs, also das *Prinzip* der Ichheit zu erkennen, das, was das Ich zum Ich macht, hebt zugleich auf die Ebene der Gattung, der Menschheit. Daraus erklärt sich das paradoxe Sätzchen: „Ein vollkommner Mensch ist ein kleines Volk.“ (VB 47) Die transzendentale Reflexion verbindet das Einzel-Ich mit dem Ich aller Menschen, indem sie das allen gemeinsame „Ich des Ichs“ erkennt. Sie führt deshalb zu „ächter Popularitaet“ (VB 47 und 66) und zur Teilhabe am „Genius der Menschheit“ (VB 68 und 75). Auch der „Geist des Staats“ (VB 122) ist als „Staat des Staats“ zu verstehen und ist deshalb „dem Geiste eines Einzelnen musterhaften Menschen“ ähnlich.

Die gleiche Funktion, die transzendentale Ebene im Unterschied zum gewöhnlichen Denken anzuzeigen, haben auch hier die Adjektive „ächt“ und „wahr“. Es gibt „ächte Offenbarungen des Geistes“ (Nr. 23), eine wahre Religion (Nr. 73), eine wahre Demokratie (Nr. 122) und einen „wahren Statthalter des poetischen Geistes“ (Goethe, Nr. 118). Es gibt ferner den echten Großhandel (Nr. 67), echte Übersetzungen, echte Dichter und echte Popularität. Und „jedes ächte Buch“ sei, „wenn der Geist heiligt“, Bibel (Nr. 108).

Novalis will aber nicht nur philosophisch reflektieren, sondern auch praktisch tätig sein. Er sucht in der Transzendentalphilosophie den Schlüssel, das wahre Wesen der Welt in Freiheit zu setzen. Er forscht nach der „Dynamik des Geisterreichs“ (VB 2), also nach der Lehre von der zielbewußten Handhabung der Kräfte des Geistes. „So ist also das Genie, das Vermögen von eingebildeten Gegenständen, wie von Wircklichen zu handeln, und sie auch, wie diese, zu behandeln.“ (VB 22) „Der Mensch vermag in jedem Augenblicke ein übersinnliches Wesen zu seyn“, „mit Bewußtseyn jenseits der Sinne zu seyn.“ (VB 23) Einige Monate später definiert Novalis: „Magie ist = Kunst, die Sinnenwelt willkührlich zu gebrauchen.“ (VF 109)

Die ‚Vermischten Bemerkungen‘ sind die Methodenlehre des magischen Idealismus. Sie stellen in dunkler und fragmentarischer Form das Programm auf, an dem Novalis sich im folgenden Jahr (1798) orientiert. Er entwickelt dieses Programm theoretisch weiter, in einer ganzen Reihe von Fragmenten (Gruppe VF) und besonders im ‚Allgemeinen Brouillon‘, jener riesigen Notizenmasse, die alle Wissenschaften methodisch zu vereinigen strebt. Er erprobt es praktisch mit der Fragmentsammlung ‚Glauben und Liebe‘, die den magischen Idealismus auf das junge preußische Königspaar anzuwenden versucht.

Der transzendentalphilosophische Grundansatz der ‚Vermischten Bemerkungen‘ wurde lange übersehen. Früh schon wurde Novalis als verinnerlichter frommer Träumer verkannt. In der Wirkungsgeschichte spielten die Fragmente Nr. 17, Nr. 73 und Nr. 122 eine besondere Rolle. Vor allem ein Satz aus Nr. 17 galt als beliebte Belegstelle für Verinnerlichung: „Nach Innen geht der geheimnißvolle Weg.“ Novalis sucht in diesem Innen aber nicht die Tiefe des Gemüts, sondern den Plan des Geistes, nach dem das ganze Weltall gebaut ist.

Nr. 73 dient häufig als Beleg für den romantischen Pantheismus. Darüber hinaus handelt es sich jedoch auch hier um einen Versuch, mit Hilfe der Idee des Mittlers die Zugangswege zum Höheren zu erforschen und systematisch begehbar zu machen. Früher wurde das Fragment als philosophische Begründung des Sophienerlebnisses gelesen. Sophie wäre dann „Organ der Gottheit", im Sinne der Definition des Pantheismus als der Idee, „daß alles Organ der Gottheit – Mittler seyn könne, indem ich es dazu erhebe".

Nr. 122 wendet den magischen Idealismus auf die Politik an und entwickelt die Idee des „poetischen Staats". Novalis geht aus von der konstitutionellen Monarchie nach britischem Muster. Sie sei „halber Staat und halber Naturstand" (zu verstehen etwa im Sinne von: halb Absolutismus und halb Demokratie). Er fährt fort: „Naturwillkühr und Kunstzwang durchdringen sich, wenn man sie in Geist auflößt. Der Geist macht beydes flüssig. Der Geist ist jederzeit poëtisch. Der poëtische Staat ist der wahrhafte, vollkommne Staat."

Im Flüssigen berührt und vermischt sich alles mit allem. Es ist deshalb ein Bild für die transzendentale Ebene, auf der das „Ich des Ichs" und der „Geist des Staats" anzutreffen sind, und zugleich ein Bild für die Poesie. Die Poesie, so ist in einem Brief an August Wilhelm Schlegel vom 12. Januar 1798 zu lesen, „ist von Natur Flüssig – allbildsam – und unbeschränkt – Jeder Reiz bewegt sie nach allen Seiten – Sie ist Element des Geistes – ein ewig stilles Meer, das sich nur auf der Oberfläche in tausend willkührliche Wellen bricht."

Es ist, wenn wir das ganze Programm überblicken, also nicht wenig, was der magische Idealismus erreichen will. Das Mißtrauen des Lesers will auch nach den angestrengtesten Erklärungen nicht weichen. Bei allem Scharfsinn, den Novalis entwickelt, bleibt die Skepsis lebendig, ob die Schecks des magischen Idealisten gedeckt sind. Noch immer wissen wir nicht, was wirklich bei all dem herauskommt. Die Antwort wird am Ende lauten: Poesie. Als Poesie allein wird schließlich ein Programm realisiert, dessen Anspruch am Anfang weit höher war, auf die Erlösung und Entzauberung unserer Welt, auf ein goldenes Zeitalter zielte.

Betrachten wir nun ‚Glauben und Liebe' als Probe aufs Exempel dieser weltverwandelnden Absicht.

Romantische Politik

‚Glauben und Liebe oder der König und die Königin'

Die Ehe des preußischen Kronprinzen Friedrich Wilhelm mit der schönen Luise von Mecklenburg-Strelitz galt der an rein dynastische Eheschließungen gewohnten Öffentlichkeit des 18. Jahrhunderts als Liebesehe. Bis heute geistert Königin Luise deshalb durch die Regenbogenpresse. Die großen Hoffnungen, als Friedrich Wilhelm Ende 1797 in Berlin den Thron bestieg, teilte vom Auslande her auch der sächsische Staatsbürger Friedrich von Hardenberg. Das junge Königspaar schien ihm geeignet, die Methode des magischen Idealismus zu testen. Anfang 1798 schrieb er ‚Glauben und Liebe oder der König und die Königin'. Er schickte den Text im Mai an Friedrich Schlegel, der ihn in drei Stücke teilte und zuerst die ‚Blumen' (im Juni) und dann (im Juli) den Hauptteil von ‚Glauben und Liebe' in den ‚Jahrbüchern der preußischen Monarchie', einer neugegründeten Huldigungszeitschrift, zum Druck beförderte. Die Fortsetzung des Drucks wurde von der Zensur verboten, was bemerkenswert ist, denn immerhin scheint es sich ja um eine überaus monarchistische Schrift zu handeln. Friedrich Wilhelm III. fand jedoch, es werde zuviel von ihm verlangt (schreibt Friedrich Schlegel an Novalis Ende Juli 1798, IV, 497).

„Jeder ist entsprossen aus einem uralten Königsstamm. Aber wie wenige tragen noch das Gepräge dieser Abkunft?" (GL 18). Nur wenige können den magischen Idealisten verstehen. ‚Glauben und Liebe' beginnt deshalb mit einer Sprachtheorie. Wenn man mit Wenigen, in einer großen, gemischten Gesellschaft etwas heimliches reden will, und man sitzt nicht neben einander, so muß man in einer besondern Sprache reden." (GL 1) Novalis will so reden, „daß es nur *der* verstehn könnte, der es verstehn sollte", denn: „Jedes wahre Geheimniß muß die Profanen von selbst ausschließen" (GL 2).

Es gibt also Eingeweihte und Profane. Stets zu den Eingeweihten zählen die Liebenden. „Was man liebt, findet man überall, und sieht überall Ähnlichkeiten." In der Liebe erfahren sie die ganze Welt: „Meine Geliebte ist die Abbreviatur des Universums, das Universum die Elongatur meiner Geliebten." (GL 4)

Die Welt ist nach dem gleichen Plan gebaut wie das Ich. Auch das Ich ist ja nur eine abgekürzte Version des Universums, das Universum die ausführliche Fassung des Ichs. Zwischen Du und Ich ist ebensowenig Unterschied wie zwischen Welt und Ich. Die Liebe erkennt in jedem anderen das Prinzip seiner Menschheit und ist so die praktische Konsequenz der transzendentalen Reflexion. Liebe ist möglich, weil Ich und Du sich in einem gemeinsamen Dritten finden, im Genius der Menschheit, im Ich des Ichs, oder, um vorzugreifen, im König. Denn auch der König ist ein Liebender, und absolute Liebe ist die Bedingung einer vollkommenen Verfassung (GL 53). Ihre Liebe macht Friedrich Wilhelm und Luise geeignet, den poetischen Staat des Novalis zu symbolisieren. „Verwandelt sich nicht ein Hof in eine Familie, ein Thron in ein Heiligthum, eine königliche Vermählung in einen ewigen Herzensbund?" (GL 40)

Sind wir Eingeweihte? Ein erstes Beispiel für die „Tropen und Räthselsprache" des Textes bieten die Fragmente GL 11–14, eingeleitet durch das ‚Blumen'-Distichon ‚Land':

Jenes himmlische Paar schwimmt hoch auf der Flut, wie die Taube
Und der Ölzweig; es bringt Hoffnung des Landes, wie dort.

Hier wird angespielt auf Noah, der nach der Sintflut eine Taube aussandte, um trockenes Land zu finden. Sie kehrte mit einem Ölzweig im Schnabel zurück – Zeichen des Friedenslandes, auf dem Noahs Geschlecht im erneuerten Bunde mit Gott leben sollte. Die gleiche Verheißung geht aus von Friedrich und Luise, jenem „himmlischen Paar".

Das Bild der Flut als Vernichtung, des blühenden Landes als Verheißung nimmt GL 11 auf: „Ein einstürzender Thron ist, wie ein fallender Berg, der die Ebene zerschmettert und da ein todtes Meer hinterläßt, wo sonst ein fruchtbares Land und lustige Wohnstätte war." Ironisch fährt GL 12 fort: „Macht nur die Berge gleich, das Meer wird es euch Dank wissen. Das Meer ist das Element von Freiheit und Gleichheit. Indeß warnt es, auf Lager von Schwefelkies zu treten; sonst ist der Vulkan da und mit ihm der Keim eines neuen Continents."

Die Französische Revolution erscheint hier als Sintflut, die blühendes Land vernichtet und ein ungegliedertes Meer schafft. Das Meer ist das Bild für chaotische Urnatur. Freiheit und Gleichheit erscheinen hier nicht als zivilisierte Zustände, sondern, in satirischer Zuspitzung des Rousseauschen Gedankens, als „wilde" Zustände vor der Schließung des Gesellschaftsvertrages. Doch wie jede Revolution gleich wieder zur Bildung neuer Herrschaft neigt, so das Urmeer zur Bildung neuen Landes. „Indeß warnt es, auf Lager von Schwefelkies zu treten". Ein Gemisch von Schwefelkies (Pyrit) und Eisen, in der Erde vergraben, diente der damaligen Naturwissenschaft zur Imitation von Vulkanen.

Diese auf den ersten Blick so hochverrätselten Zeilen lassen sich also in eine klare politische Stellungnahme übersetzen. Novalis zeigt sich als Kritiker der französischen Revolution und als Anhänger der Monarchie. Sein Begriff von Monarchie bedarf allerdings einer näheren Erläuterung.

Jedem, der unter Monarchie ein autoritäres System mit geknechteten Untertanen versteht, sei sogleich entgegengehalten, daß es solche Untertanen bei Novalis nicht gibt, vielmehr: „Alle Menschen sollen thronfähig werden. Das Erziehungsmittel zu diesem fernen Ziel ist ein König. Er assimilirt sich allmählich die Masse seiner Untertanen. Jeder ist entsprossen aus einem uralten Königsstamm." (GL 18)

Ein König ist deshalb nicht einfach ein besonders hoher Staatsbeamter, sondern „ein Wesen, was zur Menschheit, aber nicht zum Staate gehört" (GL 18), ein „vollständiger Mensch" (GL 38). Er verkörpert das Prinzip des Menschseins überhaupt. Novalis weiß durchaus, daß nicht alle Könige solche höheren Menschen waren. Daß sie es seien, ist eine „freiwillige Annahme": „Das ist eben das Unterscheidende der Monarchie, daß sie auf den Glauben an einen höhergebornen Menschen, auf der freiwilligen Annahme eines Idealmenschen beruht. [...] Der König ist ein zum irdischen Fatum erhobener Mensch." (GL 18) Nicht um seine konkrete Politik geht es, sondern um seine Symboleignung. „Bedarf der mystische Souverän nicht, wie jede Idee, eines Symbols, und welches Symbol ist würdiger und passender, als ein liebenswürdiger treflicher Mensch?" (GL 15) Da der König Sinnbild und Inbegriff dessen ist, was alle Menschen werden sollen, ist er auch ein Künstler. Nun gilt zwar bereits: „Jeder Mensch sollte Künstler seyn". Der wahrhafte König aber ist mehr, er ist „der Künstler der Künstler" (GL 39), also das Prinzip aller Künstlerschaft.

Auffallend ist, daß Novalis den Begriff „Glauben" mit „freiwillige Annahme" umschreibt. Unter Glauben im religiösen Sinn versteht man in der Regel das Eintreten in eine Überlieferung, die dem Gläubigen in der Wahl der Inhalte keine Freiwilligkeit einräumt. Novalis aber setzt, wenn er von der freiwilligen Annahme eines Idealmenschen spricht, den Inhalt des Glaubens aus der Souveränität des Subjekts, übernimmt ihn nicht aus einer Überlieferung. Gegen den Vorwurf, die christlichen Worte beizubehalten, aber ihnen einen anderen Sinn zu geben, verteidigt er sich denn auch mit der These, die biblische Lehre sei nur „die symbolische Vorzeichnung einer allgemeinen, jeder Gestalt fähigen, Weltreligion", er sei daher geneigt, sich „einen eignen Weg in die Urwelt zu bahnen" (an Just am 26. 12. 1798). Er versteht das Glaubensorgan als ein aktiv schaffendes, nicht nur als passiv empfangendes Vermögen. Er definiert Glauben als „Willkühr, Empfindung hervorzubringen – verbunden mit dem B[ewußt]S[ein] der absoluten Realitaet des Empfundnen" (VF 112, Frühjahr 1798). Er spricht vom freien Gebrauch des Glaubens (ABr 782) und treibt seine These auf die Spitze mit der provokanten Feststellung: „Glauben ist die Operation des Illudirens." (ABr 601, Herbst 1798)

Allein deshalb kann er dem König eine so hohe Stellung geben. Mit wirklichen Königen hat das wenig zu schaffen. Es handelt sich vielmehr um eine Fiktion, um eine Unterstellung mit dem Ziel, der König möge das werden, was vorweg als Realität von ihm behauptet wird. „Supposition des Ideals – des Gesuchten – ist die Methode es zu finden" (ABr 603). Das königliche Liebespaar ist eine Keimzelle des goldenen Zeitalters. Wir realisieren das goldene Zeitalter, indem wir uns verhalten, als sei es schon da. Ausdrücklich wird ‚Glauben und Liebe' als Beispiel für diese Methode genannt:

„Die ganze Repraesentation beruht auf einem Gegenwärtig machen – des Nicht Gegenwärtigen und so fort – (Wunderkraft der *Fiction*). Mein Glauben und Liebe beruht auf *Repraesentativen Glauben. So* die Annahme – der ewige Frieden ist schon da – Gott ist unter uns – hier ist Amerika oder Nirgends – das goldne Zeitalter ist hier – wir sind Zauberer – wir sind moralisch und so fort." (ABr 782)

Die frappierendsten Sätze von ‚Glauben und Liebe' zielen darauf, in diesem Sinne das nicht Gegenwärtige gegenwärtig zu machen. Novalis weiß, daß der ewige Frieden nicht gegenwärtig ist, aber er vertraut der „Wunderkraft der Fiction" und schreibt mit verblüffender Sicherheit: „Wer den ewigen Frieden jetzt sehn und lieb gewinnen will, der reise nach Berlin und sehe die Königin." (GL 42)

Novalis reiste nicht.

Romantisieren

Die Aufzeichnung VF 105

„Die Welt muß romantisirt werden. So findet man den urspr[ünglichen] Sinn wieder. [...] Diese Operation ist noch ganz unbekannt. Indem ich dem Gemeinen einen hohen Sinn, dem Gewöhnlichen ein geheimnißvolles Ansehn, dem Bekannten die Würde des Unbekannten, dem Endlichen einen unendlichen Schein gebe so romantisire ich es [...]“ (VF 105, Frühjahr 1798).

Genau so ist Novalis mit Friedrich Wilhelm und Luise verfahren. Einem trotz Liebesehe doch recht gewöhnlichen Königspaar gibt er einen hohen Sinn, ein geheimnisvolles Ansehen, die Würde des Unbekannten und einen unendlichen Schein. Das Romantisieren bedeutet eine Art Mystifikation. „Mystification“ heißt „in Geheimniß Stand erheben“, denn nur das Unbekannte kann das Erkenntnisvermögen noch reizen, „das Bekannte reizt nicht mehr“ (VF 278). Nicht Mystik, sondern Mystifikation, nicht Empfangen, sondern Schaffen, nicht Erfahren, sondern Erfahrung methodisch Erzeugen. Im Brustton feierlichster Gewißheit wird ein Ideal als real existierend ausgegeben.

Auch die mir angetraute Frau habe ich in diesem Sinne zu romantisieren, also für die beste und einzige zu halten. Die gegenwärtige Welt, so fordert VF 333, muß überhaupt so behandelt werden, als sei sie die beste. Daraus folgt: „Das Fatum ist die mystificirte Geschichte.“ Auch der König ist ja „ein zum irdischen Fatum erhobener Mensch“ (GL 18). Die mystifizierte Profanität der Geschichte wird so zum freigewählten Geschick.

Novalis reiste nicht nach Berlin, um den ewigen Frieden

zu sehen. Daß er nicht reiste, enthüllt ‚Glauben und Liebe' als ein nur ästhetisches Phänomen. Daß eine Aufforderung zu einer Handlung (nach Berlin reisen) nur ästhetisch betrachtet, als reizvolles Paradox genossen, nicht aber praktisch realisiert werden sollte, gehört zu den fragwürdigen Wesenszügen romantischer Politik. Man wird mit Recht fragen, wo denn die Konsequenzen der großen Töne bleiben. Ist ‚Glauben und Liebe' nicht nur die Kopfgeburt eines Büchermenschen?

Die Politik des Romantikers ist, folgt man dem scharfsinnigen Pamphlet ‚Politische Romantik' (1919) des Staatsrechtlers Carl Schmitt, stets ästhetischer Natur, nie wirklich ernst gemeint, immer nur Begleitaffekt zur Geschichte. Der Romantiker ist unfest und unzuverlässig, ja charakterlos. Er romantisiert nacheinander die Revolution, Napoleon, die Befreiungskriege, die Restauration und die Achtundvierziger. Er zieht immer die tausend unberührten Möglichkeiten der einen Wirklichkeit vor, die die Möglichkeiten vernichten würde. Deshalb schwärmt er lieber für das Fremde und Ferne als für das Naheliegende, das seinen Traum zerstören könnte – Novalis romantisiert nicht das sächsische, sondern das preußische Königspaar.

Das Romantisieren zersetzt jede konkrete Realität durch Gegenüberstellung mit einer „eigentlichen", einer „ächten" Version. Carl Schmitt spottet: „Das ‚Wahre', ‚Echte' bedeutet die Ablehnung des Wirklichen und Gegenwärtigen und ist schließlich nur das Anderswo und Anderswann, das Andere schlechthin." (Politische Romantik, 3. Aufl. 1965, S. 132) Der Romantiker kann sich nicht entscheiden. Das „höhere Dritte", das er stattdessen gerne verspricht, ist nach Schmitt immer nur der Ausweg vor dem Entweder-Oder ins Unverbindliche (ebd. S. 162).

So einleuchtend das alles klingt, so wenig sollte man davon absehen, daß Schmitts spätere Stellungnahmen gegen die Weimarer Demokratie und für Hitlers totalen Staat etwas mit seiner Romantikschelte zu tun haben. Die Entscheidung, die er traf, war eine für die Macht des Faktischen und damit gewiß eine höchst reelle. Der Romantiker zersetzt die Macht. Ein unverbindlicher Träumer und Spieler, ist er nie recht brauchbar für die Interessen der Regierungen. Man sieht aber an der Gegenüberstellung mit Carl Schmitt, daß es auch gut sein kann, sich zum Faktischen unzuverlässig zu verhalten.

Die suggestive Apodiktik, mit der Novalis der preußischen Monarchie das Allerhöchste bescheinigt, stabilisiert die konkrete Herrschaft nicht, sondern stellt sie in Frage. Indem Novalis die echte Monarchie gegen die faktische ausspielt, ist er Kritiker der faktischen. In ‚Glauben und Liebe' gibt es dafür erstaunliche Belege. Diese erzmonarchistische Schrift spricht mit verblüffendem Freimut von der „faden Monotonie" des Hoflebens (GL 29), fordert die Königin zur Abschaffung der Prostitution in Berlin auf (GL 27), kritisiert den allseits angebeteten Friedrich den Großen („Kein Staat ist mehr als Fabrik verwaltet worden ...", GL 36) und schlägt vor, den König durch regelmäßige Exzerpte aus allen Wissensgebieten zu bilden.

Das Machtzersetzende romantischer Politik bezieht sich freilich nur auf die ästhetische Unterminierung, nicht auf das praktische Verhalten des Dichters selbst. Zersetzend sind nur seine Schriften, nicht seine staatsbürgerlichen Handlungen. Für letztere gilt GL 57. Hier wird den Staatsbürgern ein sehr konservatives Verhalten empfohlen, solange der vollkommene Staat noch nicht erreicht ist: „Sie ändern nicht, weil sie wissen, daß jede Aenderung der Art und unter diesen Umständen nur ein neuer Irrthum ist [...]. Sie lassen alles in seinen Würden."

Die Staatslehre des Novalis wirkte weiter auf Adam Müller und Friedrich Schlegel. ‚Glauben und Liebe' geriet zwar im 19. Jahrhundert weitgehend in Vergessenheit, weil Tieck in die hundert Jahre lang maßgebliche Novalis-Ausgabe nur wenige ausgewählte Stücke aufnahm. Dennoch kam es zur allmählichen Ausbildung einer romantischen

Staatslehre (Adam Müller, Friedrich Schlegel, Joseph von Eichendorff, Franz von Baader, Joseph Görres, Carl Ludwig von Haller, später Konstantin Frantz, Paul de Lagarde u. a. m.). Während die aufklärerische Staatslehre den meisten Verfassungen der europäischen Staaten zugrundeliegt, ist es der Staatslehre der Romantik nie gelungen, einem Staat als dauerhaftes Fundament zu dienen. Sogenannte Realpolitiker pflegen sich über die Romantik nur lustig zu machen. Die Romantik diente meistens nur als Ideologie, als schöner Schein, der eine ganz unromantische Realität zu verbrämen hatte. Ludwig I. von Bayern, dessen Kunstsinn München prägte, und Friedrich Wilhelm IV. von Preußen, der den Kölner Dom fertigzubauen befahl, ließen sich gerne als Romantiker auf dem Königsthron feiern. Das betraf aber allein ihre Bemühungen um die Kunst. Ihre wahre Regierungsform war absolutistisch; Heer, Polizei und Bürokratie herrschten, nicht Glauben und Liebe. Die Romantik auf dem Thron bringt es nicht zu einer politischen, nur zu einer ästhetischen Praxis. Sie baut Königsschlösser und Festspielhäuser, wie Ludwig II. von Bayern, diese extreme Erscheinung politischer Romantik im 19. Jahrhundert. Im 20. Jahrhundert lebt die romantische Staatslehre fort in so fragwürdigen Gebilden wie der österreichischen Verfassung unter Dollfuß und Schuschnigg (1932–1938), die dem Anschluß ans Hitlerreich nur wenig Widerstand entgegenzusetzen hatte. In den letzten Jahrzehnten spielten romantische Gedanken (Nostalgie, Entfremdungskritik, ewiger Friede) in der Friedensbewegung und bei den grün-alternativen Gruppierungen eine Rolle. Im Zuge der postmodernen Aufwertung des Ästhetischen ist das Romantisieren als Spiel mit Fiktionen und Mystifikationen erneut aktuell geworden, während zugleich die Erwartung einer Weltveränderung fast auf Null zurückgegangen ist.

Natur

‚Die Lehrlinge zu Sais'

Teile des Fragment gebliebenen Romans ‚Die Lehrlinge zu Sais' entstanden in der ersten Jahrhunderthälfte 1798, andere Teile zu einem unbestimmten Zeitpunkt bis zum Sommer 1799. Novalis lebte und studierte in Freiberg. Die wichtigsten Notizen zur Fortsetzung datieren vom Dezember 1799.

Überwog bis Anfang 1798 das theoretische Werk, setzt mit den ‚Lehrlingen' ein immer stärkeres Interesse am Fiktiven und Poetischen ein. Im Jahre 1798 überlagert sich noch beides. Neben den ‚Lehrlingen' entstanden zum Beispiel die ‚Teplitzer Fragmente' und das ‚Allgemeine Brouillon'. In den Jahren 1799 und 1800 nimmt die Bedeutung des Theoretischen immer mehr ab. Es entstehen die ‚Geistlichen Lieder' und die ‚Hymnen an die Nacht', der ‚Heinrich von Ofterdingen' und die späten Gedichte. Obgleich Novalis auch aus dieser Zeit Fragmente und Studien hinterließ, ist der Akzentwechsel – weg vom Philosophischen und hin zum Poetischen und Religiösen – doch unverkennbar. Der Ende 1799 entstandene Aufsatz ‚Die Christenheit oder Europa' steht dazu nicht im Widerspruch. Er bestätigt diesen Akzentwechsel vielmehr auch inhaltlich. Die einstmals große Erwartung an die Philosophie wird immer mehr der Poesie und der Religion aufgebürdet.

Es gibt also gute Gründe, das Werk in ein frühes und vorwiegend theoretisches, das in ‚Glauben und Liebe' gipfelt, und in ein spätes, vorwiegend poetisches und religiöses einzuteilen. Erst durch das „Spätwerk" konnte Novalis wirkungsgeschichtlich zu einem der Begründer des romantischen Irrationalismus werden. Die philosophische Bewußtheit des Frühwerks setzt ja, wie wir gesehen haben, alles Irrationale mit so hoher methodischer Bewußtheit ein, daß ein gefühlsbetonter Antirationalismus keine Chance hat. Im späten Werk aber schüttelt das Dichten des Novalis seine philosophische Genese mehr und mehr ab. Dieses „Umkippen" des Werks von höchster transzendentalphilosophischer Bewußtheit in einen programmatischen Irrationalismus vollzieht sich zum ersten Mal in den ‚Lehrlingen zu Sais': ein Vorgang von höchster geistesgeschichtlicher Bedeutung, denn er zeigt die schmale Brücke, über die der Weg von der Aufklärung in die Romantik führte.

Im Heiligtum der Isis zu Sais in Ägypten, so erzählt Schillers Ballade ‚Das verschleierte Bild zu Sais', wollte einst ein Jüngling die ganze Wahrheit wissen. Sie verberge sich hinter jenem Schleier, antwortet ihm der Priester. Kein Sterblicher rücke ihn, bis die Gottheit selbst ihn hebe. So lange will der junge Mann nicht warten. Schillers Gedicht behandelt den Jüngling, der die Wahrheit sucht und mit Gewalt den Schleier zu heben sich erkühnt, noch auf traditionelle Weise als einen hybriden Frechling. Der Mensch, der sich gottgleich wähnt, der sich, wie die Titanen, wie Faust, vermißt, erfährt die Strafe der Götter.

Ganz anders Novalis. Ein Distichon vom Mai 1798, aus den Vorarbeiten zu den ‚Lehrlingen', sieht in der Hebung des Schleiers kein Problem. Was der magische Idealist dort sieht – „Sich Selbst" –, ist das „Wunder des Wunders", das transzendentalphilosophische Prinzip seiner eigenen Menschheit:

> Einem gelang es – er hob den Schleyer der Göttin zu Sais –
> Aber was sah er? er sah – Wunder des Wunders – Sich Selbst.
>
> (II, 584)

Der ausgeführte Teil des Romans geht allerdings dann doch etwas anders mit dem Motiv des verschleierten Bildes um.

Am Ende des ersten Teils dozierte der Lehrling noch ohne weitere Umstände, dem magisch-idealistischen Programm gemäß: „wenn kein Sterblicher, nach jener Inschrift dort, den Schleyer hebt, so müssen wir Unsterbliche zu werden suchen; wer ihn nicht heben will, ist kein ächter Lehrling zu Sais." (I, 82)

Wie er das ins Werk setzen will, das Unsterblichwerden, erfahren wir nicht direkt, da der Romanentwurf schon nach dem zweiten Kapitel abbricht. Dieses zweite Kapitel enthält jedoch in seiner Mitte das Märchen von Hyacinth und Rosenblüthchen, das man mit gutem Grund als die Quintessenz des Romans betrachten kann. Auch hier macht sich ein Jüngling auf die Suche nach dem Heiligtum von Sais und findet es schließlich. Er tritt ein und – entschlummert! „Weil ihn nur der Traum in das Allerheiligste führen durfte" (I, 95). Nicht die höchste Wachheit des magischen Idealisten, sondern nur das Märchen, das Wunder und der Traum führen den richtigen Weg.

Im Traume findet er nicht „Sich Selbst", sondern Rosenblüthchen, seine Geliebte. Das allerdings entspricht dem theoretischen Programm, denn, da die Geliebte die Abbreviatur des Universums ist, da das Universum andererseits nach dem gleichen Plane wie das Ich gemacht ist, gibt es zwischen beiden keinen Unterschied, alles findet sich im Großen Ich des transzendentalphilosophischen Selbstbewußtseins. In der Geliebten findet Hyacinth sich selbst.

Das Märchen ist in drei Schritte gegliedert. Der Anfang zeigt Hyacinth im Einklang mit der Natur, kindlich verliebt in Rosenblüthchen, wie sie in ihn. Es kommt (zweiter Schritt) ein Mann aus fremden Landen, erzählt bis tief in die Nacht, Hyacinth wird tiefsinnig, eine alte wunderliche Frau im Walde weist ihn fort, die verschleierte Jungfrau zu suchen. Im dritten Teile findet er sie und zugleich Rosenblüthchen, wie beschrieben. Das Glück des Anfangs unterscheidet sich von dem des Endes offenbar durch die dazwischenliegende Entfremdungsphase und Wanderzeit. Das unbewußte Glück der Kindheit muß mit Bewußtsein wiedergefunden werden.

Dieses Problem, dessen Lösung auch Kleist in seinem Aufsatz über das Marionettentheater auf das letzte Kapitel der Welt vertagen mußte, kann auch Novalis nicht lösen. Hyacinth findet die verlorene Kindheit gerade nicht auf dem Wege des Bewußtseins wieder, sondern im Traum. Der magische Idealist, der die irrationalen Erfahrungen methodisch und bewußt zu erzeugen sich vorgenommen hatte, kann seine Willensanspannung nicht durchhalten. Er fällt zwangsläufig in den Irrationalismus zurück. Es ist gewiß kein Zufall, daß die Auslegung des Märchens durch die Natur selbst mit einem Preisgesang auf das Gefühl endet und das Denken pauschal verächtlich macht: „Das Denken ist nur ein Traum des Fühlens, ein erstorbenes Fühlen, ein blaßgraues, schwaches Leben." (I, 96)

Den methodischen Umgang mit dem Unbewußten wird erst die Psychoanalyse lehren. Auch sie hat allerdings die Illusion aufgeben müssen, daß mit der Bewußtmachung zugleich die Verfügung über die Kräfte des Unterbewußten gegeben sei.

Auch wenn die Theorie des Novalis sich als unzulänglich erweist, so hat er mit ihrer Hilfe doch Entdeckungen gemacht im Reich des Unbewußten. So erkennt er die Verwandtschaft von Eros und Todestrieb im Gedanken der lustvollen Auflösung. Fast von Sigmund Freud, zumindest aber von Schopenhauer inspiriert wirkt die Passage, in der Novalis das innerste Leben der Natur als „Liebe und Wollust" preist und dann schildert, wie der Empfindende „bebend in süßer Angst in den dunklen lockenden Schoos der Natur versinkt, die arme Persönlichkeit in den überschlagenden Wogen der Lust sich verzehrt, und nichts als ein Brennpunkt der unermeßlichen Zeugungskraft, ein verschluckender Wirbel im großen Ozean übrig bleibt". Schopenhauer wird später ganz ähnlich das Geschlecht als den „Brennpunkt des Willens" bezeichnen und im Rausch der erotischen Vermischung wie im Tode die Möglichkeit erkennen, die Fesseln der Individuation zu lösen. Novalis meint noch, durch Liebe und Tod die Ebene der höchsten, der transzendentalphilosophisch ihrer selbst gewissen Individuation zu erreichen. Die wahre Tendenz dessen, was er mit höchster Bewußtheit erzielen wollte, ist aber nicht die Steigerung, sondern die Auflösung des Ichs. Auf dem Weg der Progression sich wähnend findet Novalis das Glück der Regression.

Das zeigt auch die wundervolle Metaphorik des Wassers, die er an dieser Stelle entwickelt. Das Wasser könne seinen wollüstigen Ursprung nicht verleugnen. In ihm offenbare sich das Urflüssige. Im Rausch, im Schlaf und im Tod zerfließt das Individuum und vereint sich wieder mit dem Ganzen: Urbild der vorgeburtlichen Einheit mit der Mutter und der menschheitlichen Frühe der „goldenen Zeit", in die zurück wir streben:

„Im Durste offenbaret sich die Weltseele, diese gewaltige Sehnsucht nach dem Zerfließen. Die Berauschten fühlen nur zu gut diese überirdische Wonne des Flüssigen, und am Ende sind alle angenehme Empfindungen in uns mannichfache Zerfließungen, Regungen jener Urgewässer in uns. Selbst der Schlaf ist nichts als die Flut jenes unsichtbaren Weltmeers, und das Erwachen das Eintreten der Ebbe. Wie viele Menschen stehn an den berauschenden Flüssen und hören nicht das Wiegenlied dieser mütterlichen Gewässer, und genießen nicht das entzückende Spiel ihrer unendlichen Wellen! Wie diese Wellen, lebten wir in der goldnen Zeit." (I, 104)

Davon ahnen die gewöhnlichen Naturwissenschaftler nichts. Das Heiligste der Natur befindet sich in den Händen „so todter Menschen, als die Scheidekünstler zu seyn pflegen". Was ein Geheimnis der Liebenden, ein Mysterium der höheren Menschheit sein sollte, wird mit „Schaamlosigkeit und sinnlos von rohen Geistern hervorgerufen, die nie wissen werden, welche Wunder ihre Gläser umschließen. Nur Dichter sollten mit dem Flüssigen umgehn […]“ (I, 105).

Die „höhere Menschheit“ des transzendentalen Poeten besteht letztlich in der durchgehenden Erotizität allen Lebens, in der immerwährenden Verflüssigung und Neumischung, in der ständigen Schmelzung der erstarrenden Grenzen des Ich. Die Parteinahme für die Fluidität impliziert aber die Parteinahme gegen das bewußte Individuum. Was Novalis noch für eine Erhebung in höhere Sphären hält, wird Späteren deshalb als ein Versinken gelten, als lustvolle Regression aus den Anstrengungen der Vernünftigkeit in Traum, Rausch und Tod.

Zwischenhalt

Entwicklung und Einheit des Werks

Betrachtet man die wechselnden Ansichten seiner Ausleger, muß Novalis ein extrem widersprüchlicher Autor gewesen sein. Zwischen dem irrationalistischen, „gläubigen" Deutungstypus, der sich vor allem auf die Dichtungen beruft, und dem skeptischeren philosophisch-rationalistischen, der sich vor allem auf die theoretischen Aufzeichnungen stützt, klafft ein Abgrund. Die Entwicklungsgesetze dieses Werks, das mit der theoretischen Bemühung beginnt und im Märchen endet, laufen der gewohnten Erwartung zuwider. Der ständige Wechsel der Themen und Tätigkeitsfelder, von Sophie zur Philosophie, vom Bergbau zur Politik, von der Religion zur Dichtung, macht einen sprunghaften, unsteten Eindruck. Andererseits scheinen alle Linien auf die Idee des goldenen Zeitalters hinauszulaufen. Sind sie also nur Variationen eines immer Gleichen? Findet überhaupt eine Entwicklung statt? Lassen sich die Widersprüche auflösen? Was macht eigentlich die Einheit des Werkes aus?

Novalis als Denker ist Transzendentalphilosoph. Die Transzendentalphilosophie prüft die Instrumente des Denkens. Sie gibt insofern kein Ziel an, sondern untersucht die Methoden, mit denen der Denker an ein Ziel gelangt. Wer die wahre Methode kennt, auf der das Sein der Welt beruht, so denkt Novalis weiter, befindet sich bereits in einer anderen Welt. Er denkt nicht mehr nur über eine befreite, veränderte Welt nach, sondern er lebt bereits in ihr. Wer das Programm gefunden hat, kann auch programmieren. Wer den Code gefunden hat, nach dem die Welt gebaut ist, kann ihn aktiv handhaben. Insofern ist die Methode des transzendentalen Philosophierens bei Novalis zugleich das Ziel, nicht nur der Weg. Nicht nur das Ziel, auch der Weg ist das goldene Zeitalter.

Um seinen Anspruch konkret einzulösen, muß Novalis der weiträumigen Unbestimmtheit des transzendentalen Denkens wenigstens verbal, wenigstens metaphorisch Konturen geben. Er kann ja nicht dabei stehenbleiben, als abstraktes Negativ zur Gebundenheit unseres Denkens an Raum, Zeit und Kausalität einen von diesen Bindungen freien Zustand zu postulieren. Er sucht vielmehr immer nach Bestimmungen, die das goldene Zeitalter hier und jetzt vorstellbar machen. Anders als Kant trennt er die praktische nicht von der reinen Vernunft. Er versucht immer neu, die leere Formalität und Negativität des transzendentalphilosophischen Kritizismus mit positiven Bestimmungen zu füllen. Aus der reinen Vernunft sollen auch praktische Anweisungen und konkrete Inhalte hervorgehen. Die Kurzformel für diesen Vorgang lautet: er positiviert den Kritizismus. Als Abfolge solcher Positivierungen stellt sich dar, was man als Entwicklung des Novalis erkennen kann.

Diese allgemeinste Struktur seiner Entwicklung als Denker fügt sich in eine von Anfang an unfeste Identität. Immer sucht Novalis nach Bestimmung, zwingt sich zu Festlegungen, gibt diese wieder preis, weil ein neues Ziel am Horizont erscheint. Sein Werk ist eine Kette transzendentaler Prüfungen, eine rastlose Suche nach Halt und eine Abfolge experimenteller Festlegungen.

Die Suche greift nach allen Seiten aus. 1793 will Hardenberg Soldat werden, um seinen romantischen Schwung zu disziplinieren. Wenig später findet er das überspannt und preist den Philisterstand (an Erasmus, August 1793). Die Fichte-Studien eröffnen den kritizistischen Prozeß. „Zwischen dem Schlagbaum und Grüningen hatte ich die Freude den eigentlichen Begriff vom Fichtischen Ich zu finden“ (‚Journal‘ 30. 5. 1797) – man hört nie wieder davon. Die Bindung an Sophie ist ein Versuch zur Festigung des unruhigen Ichs, ist ein „mit Wissen und Willen ergriffenes ‚Postulat' seines Lebens" (Mähl, Goldenes Zeitalter, 1965, S. 334 Anm. 7). Ihr Tod bietet eine Erfahrungsgrundlage für das, was abstrakt und philosophisch „Aufhebung von Raum und Zeit" heißt. So kann Sophie das Prinzip seines Philosophierens werden. Der große Entschluß des „Nachsterbens" füllt einige Monate und schläft dann allmählich ein. Die Todeserfahrung wird als transzendentale Erfahrung begriffen und in diesen Monaten, angeregt durch die Hemsterhuis-Lektüre, als goldenes Zeitalter positiviert.

Die ‚Vermischten Bemerkungen' sind eine Präambel zum folgenden Werk. Sie halten den Kritizismus fest, entwickeln die Methode seiner Positivierung – die Grundzüge des „magischen Idealismus" – und führen am Ende ein Exempel aus (Nr. 122, Grundzüge des poetischen Staats). ‚Glauben und Liebe' wendet die Methode auf die Politik an. Das preußische Königspaar wird auf seine Eignung erprobt, als positiver Inhalt der kritizistischen Utopie zu dienen. Die Veröffentlichung der Schrift hatte keine erkennbare weltverändernde Wirkung. Das Experiment verhalf deshalb auch nicht zu einer dauerhaften Stabilisierung des unfesten Ichs. Es stieß zurück in eine erneute Grundlagenprüfung: das ‚Allgemeine Brouillon'. Das Königspaar wird preisgegeben, stattdessen füllt nun der maßlose Anspruch einer allgemeinen Enzyklopädistik aller Wissenschaften den unermüdlich schweifenden Geist. Auch diese Mühe fällt nach einer Reihe von Monaten in sich zusammen; sang- und klanglos bricht die Arbeit am Brouillon ab. Großtönend als „Hauptgeschäft meines Lebens" verkündet Novalis den Plan eines „litterairischen, republicanischen Ordens", der kurze Zeit durch Briefe und Aufzeichnungen spukt (10. 12. 1798 an Friedrich Schlegel, ABr Nr. 1058). Auch von ihm hört man nie wieder. Der nächste Bindungs- und Selbstdisziplinierungsversuch ist die Verlobung mit Julie von Charpentier.

Seltsam sind die Begründungen für diesen Schritt. Novalis verschreibt sich Julie gewissermaßen als Medikament. Er findet, „daß eine beschränkte meinen Fleis aufregende Lage mir vortheilhaft seyn“ müßte (Ende Januar 1800 an Oppel). Auch Julie wird in die Transzendentalphilosophie eingebaut. „*Angewandte* Liebe zu Julien“, notiert Novalis in der Aufzeichnung FrS 165 (Sept./Okt. 1799). Kurz vorher hat er Religion definiert als idealistische Selbstempfindung des Herzens, in der sich alle Neigungen auf eine Gottheit versammeln, und hatte geschlossen: „Machen wir unsre Geliebte zu einem solchen Gott, so ist dies *angewandte Religion.*“ (FrS 104) „Angewandt“ ist ein anderes Wort für „positiviert“. Julie ist also wieder ein Versuch der Konkretion der allzu unbestimmten Utopie des goldenen Zeitalters.

Auffallend in der beschriebenen Entwicklung ist, wie wenig schmerzhaft jeweils die Abschiede verlaufen. Die heiligsten Absichten, die größten Projekte zergehen wie Bilder im Sand, ohne eine Spur zu hinterlassen. Es findet sich kaum je ein Ausdruck von Enttäuschung, etwa darüber, daß aus dem Nachsterben nichts wurde, oder darüber, daß der preußische König so prosaisch auf ‚Glauben und Liebe‘ reagierte, oder darauf, daß ‚Die Christenheit oder Europa‘ nicht einmal im frühromantischen Freundeskreis Zustimmung fand und nicht gedruckt wurde. Der Entwicklungsprozeß hat offenbar nicht die Struktur des Bildungsromans. Es handelt sich nicht um einen Prozeß der Läuterung des Ichs durch Erfahrung in der Welt, nicht um ein „Hörnerablaufen“ am Widerstand der Welt, sondern um einen einseitig ins Ich verlagerten Prozeß, in dem die Welt ihre Kontrollfunktion weitgehend verloren hat. Es fehlt die bildungsroman-typische Erfahrung der Desillusion. An ihrer Stelle steht das stets neue „Illudieren“. Es handelt sich um einen Prozeß der willentlichen *Selbst*begrenzung. Die einzelnen Phasen folgen einander nicht als Stadien eines Erfahrungsprozesses, sondern nur als neue Felder der Selbstbegrenzung. Entwicklung vollzieht sich nicht als Weltaneignung, sondern als Oszillieren des Ichs in wechselnde Richtungen. Weil dem Romantiker in der thüringischen

Provinz die Kontrolle durch die Welt fehlt, gibt es auch keine wirklichen Erledigungen, keine Zurücknahmen, kein erkanntes Scheitern. Es ist kein Lernprozeß, sondern ein Versuch, ein- und dieselbe Idealwelt auf immer neuen Feldern zu fixieren.

Der Wechsel der Felder läßt jedoch, hinter dem Rücken des Autors, der dies nicht erkennbar beabsichtigte, ein Abfolgeprinzip erkennen: von Philosophie, Politik und Wissenschaft zu Religion und Poesie. Das ist unter einer gewissen Optik wohl doch eine Rückzugsbewegung. Unter Verzicht auf die ehrgeizige Poetisierung der Politik und der Wissenschaft wendet Novalis sich schließlich der Religion zu und der Dichtung. Beides sind Felder, auf denen die Solidität der Utopie sich einer schnellen Überprüfung entzieht, die deshalb als Grundmelodie des Werkes immer lauter zu klingen beginnen, je deutlicher die weltlichen Illusionen ohne Widerhall bleiben. Die Welt zwingt dem Werk schließlich doch eine Entwicklung auf, in der Religion und Poesie als Endresultate einer Konzeption erscheinen, deren Programm zur Veränderung der Welt sich nicht bewährte. Religion und Poesie sind die letzten Bastionen des magischen Idealismus, nachdem alle anderen Positivierungsformen vom Ich nicht festgehalten werden konnten.

Religion

‚Die Christenheit oder Europa'

Der katholische Glaube sei „angewandtes, lebendig gewordenes Christentum", schreibt der Protestant Novalis in dem Ende 1799 entstandenen Aufsatz ‚Die Christenheit oder Europa'. Das Wörtchen „angewandt" erlaubt es, im Kontext der im vorigen Kapitel zitierten Notizen auch die plötzliche Begeisterung für den Katholizismus als Positivierung des goldenen Zeitalters, als einen Versuch zu identifizieren, dem Kritizismus auf einem wieder neuen Feld inhaltliche Bestimmung zu geben. Die provokante Selbstverständlichkeit, mit der Novalis seinem protestantischen Umfeld so prononciert katholische Gegenstände wie die Gottesmutter Maria, die Heiligen, die Reliquien, die Wallfahrten und die Jesuiten präsentiert, mit der er gar noch den Papst für die Verurteilung Galileis lobt, läßt sich wieder nur durch das paradoxe Verfahren des verblüffenden, apodiktischen, sicheren Sprechens erklären. Die „Magie alles Positiven" bewunderten schon die Fichte-Studien (Nr. 662), nicht aber, weil man sich einem positiv Gegebenen demütig zu beugen habe, sondern im Gegenteil, weil es einen Stachel für die freie Tätigkeit des denkenden Ichs bedeutet und so nicht die Gegebenheit, sondern die Freiheit stärkt. So soll wohl auch die Provokation durch die Catholica eher zur Bewährung der protestantischen Denkfreiheit als zu ihrer Bekämpfung ermuntern. Das erklärt zugleich, warum Novalis auf Schellings satirische Gegenschrift zur ‚Christenheit' erfreut und zustimmend reagierte (31. 1. 1800 an Friedrich Schlegel).

Diese methodischen Voraussetzungen wurden allerdings kaum verstanden. Die Wirkungsgeschichte vernachlässigte das dialektische, das magisch-idealistische Moment und nahm den Text wörtlich. Sie bezog aus ihm vor allem das Grundmodell einer romantisch-konservativen Geschichtsphilosophie. Es sieht drei Schritte vor: eine glänzende Vorzeit, in der das Ideal schon einmal auf Erden lebte, eine Verfalls- und Entfremdungszeit, in der die jeweils Heutigen zu leben das Unglück haben, und eine künftige Wiederkehr des goldenen Zeitalters.

Betrachtet man den Text genauer, ist das Modell allerdings etwas differenzierter. Die Theorie des Geschichtsverlaufs geben die folgenden Sätze, die sich einer Beschreibung der glänzenden Vorzeit und ihres Verfalls anschließen: „Ueberdem haben wir ja mit Zeiten und Perioden zu thun, und ist diesen eine Oszillation, ein Wechsel entgegengesetzter Bewegungen nicht wesentlich? und ist diesen eine beschränkte Dauer nicht eigenthümlich, ein Wachsthum und ein Abnehmen nicht ihre Natur? aber auch eine Auferstehung, eine Verjüngung, in neuer, tüchtiger Gestalt, nicht auch von ihnen mit Gewißheit zu erwarten? fortschreitende, immer mehr sich vergrößernde Evolutionen sind der Stoff der Geschichte. – Was jetzt nicht die Vollendung erreicht, wird sie bei einem künftigen Versuch erreichen, oder bei einem abermaligen; vergänglich ist nichts, was die Geschichte ergriff, aus unzähligen Verwandlungen geht es in immer reicheren Gestalten erneuet wieder hervor." (III, 510)

Die Geschichte wäre demnach als dialektischer Prozeß zu verstehen, als Oszillation zwischen Ideal und widerständiger Realität, bei der das Ideal sich allmählich durchsetzt. Gehen wir nach dieser methodischen Anweisung einmal den Verlauf des Textes durch.

Das erste Erscheinen des Ideals sind die „ächtkatholischen" Zeiten des Mittelalters. Dieses „Mittelalter" bleibt freilich eine zeitlich höchst unbestimmte Fiktion, denn einerseits soll die Einführung des Priesterzölibats, die im 11. Jahrhundert erfolgte, schon zur Verfallszeit gehören

(III, 511), andererseits die Verurteilung Galileis (im 17. Jahrhundert) noch zur Glanzzeit.

Die Oszillation setzt ein mit der Gegenreaktion von Egoismus, Geschäftigkeit und Eigennutz. „Wissen und Haben" verdrängen „Glauben und Liebe". Der Vorgang wird mit dem Rousseauschen Gedanken begründet, daß die Vergesellschaftung die ursprünglich guten Menschen verderbe: „Eine längere Gemeinschaft der Menschen vermindert die Neigungen, den Glauben an ihr Geschlecht, und gewöhnt sie ihr ganzes Dichten und Trachten, den Mitteln des Wohlbefindens allein zuzuwenden [...]" (III, 509). Luxus und Geselligkeit vertreiben die erste Blüte des Ideals. Seine Restbestände reagieren mit Verhärtung. Künstliche Maßnahmen wie die Einführung des Priesterzölibats dienen nur noch zur Erhaltung des „Leichnams der Verfassung".

Die Verhärtung hat die Reformation zur Folge. Auch sie wird rousseauistisch begründet, als Auflösung des Gesellschaftsvertrags und Rückkehr zum Urzustand. Die Protestanten „nahmen ihr stillschweigend abgegebenes Recht auf Religions-Untersuchung, Bestimmung und Wahl, als vakant wieder einstweilig an sich zurück" (III, 511). Doch auch die Reformation ist im Prozeß des dialektischen Oszillierens eine Einseitigkeit, sie zerstört die Einheit und erklärt, anstatt die Verhärtung des Katholizismus durch eine nur vorübergehende Anarchie zu verflüssigen, die Anarchie zum Dauerzustand. Sie reagiert auf Verhärtung mit Verhärtung und fixiert das nur vorübergehend erforderliche Protestieren zur „Revolutions-Regierung permanent" (III, 512).

Die katholische Kirche überlebt die Reformation mit Hilfe der Jesuiten, auf welche „der sterbende Geist der Hierarchie seine letzten Gaben ausgegossen zu haben schien" (III, 513). Doch bleibt die jesuitische Gegenreformation bei aller Klugheit künstlich und isoliert, eine nur zeitliche Maßregel, die den Verfall nur verlangsamen, nicht verhindern kann.

Der Protestantismus entwickelt sich, da auf das Protestieren verpflichtet, weiter zur Aufklärung. Der Haß gegen den katholischen Glauben ging in Haß gegen die Bibel, den christlichen Glauben, endlich gegen die Religion überhaupt über.

„Noch mehr – der Religions-Haß, dehnte sich sehr natürlich und folgerecht auf alle Gegenstände des Enthusiasmus aus, verketzerte Fantasie und Gefühl, Sittlichkeit und Kunstliebe, Zukunft und Vorzeit [...], und machte die unendliche schöpferische Musik des Weltalls zum einförmigen Klappern einer ungeheuren Mühle, die vom Strom des Zufalls getrieben und auf ihm schwimmend, eine Mühle an sich, ohne Baumeister und Müller und eigentlich ein ächtes Perpetuum mobile, eine sich selbst mahlende Mühle sey." (III, 515)

Damit ist die Religion fürs erste tot, die zweite Phase des Prozesses, die Verfallszeit, abgeschlossen. Die dritte Phase, die Wiederkehr des Ideals, läßt Novalis mit der Französischen Revolution, mit der Transzendentalphilosophie und mit der Frühromantik beginnen.

Die Französische Revolution erscheint als „zweite Reformation" (III, 517). Wieder ist die Anarchie notwendig, wieder kommt alles darauf an, daß sie sich nicht zur Revolutionsregierung permanent erklärt. („Soll der Protestantismus abermals widernatürlicherweise, als revolutionaire Regierung fixirt werden?" – III, 518). Die Begründung für die Hochschätzung der Revolution lautet: „Wahrhafte Anarchie ist das Zeugungselement der Religion. Aus der Vernichtung alles Positiven hebt sich ihr glorreiches Haupt als neue Weltstifterin empor. Wie von selbst steigt der Mensch gen Himmel auf, wenn ihn nichts mehr bindet, die höhern Organe treten von selbst aus der allgemeinen gleichförmigen Mischung und vollständigen Auflösung aller menschlichen Anlagen und Kräfte, als der Urkern der irdischen Gestaltung zuerst heraus. Der Geist Gottes schwebt über den Wassern und ein himmlisches Eiland wird als Wohnstätte der neuen Menschen, als Stromgebiet des ewigen Lebens zuerst sichtbar über den zurückströmenden Wogen." (III, 517)

„Wie von selbst steigt der Mensch gen Himmel auf", wenn die Vergesellschaftung aufgehoben ist. Wenn der Mensch nicht wieder handelnd in die Geschichte eingreift, stellt sich von selbst der richtige Zustand her. Es ist der wiederholte Zustand des Anfangs, der ursprünglichen Schöpfung, an die die Wendung vom über den Wassern schwebenden Geist Gottes erinnert (vgl. Genesis 1, 2). Es ist zugleich der Zustand der Erneuerung nach der Sintflut, des neuen Landes als Wohnstätte der neuen Menschen, der neuen Festigkeit, die sich nach der vorübergehenden Verflüssigung aller Gegebenheiten einstellt.

„Wie von selbst": das ist der Glaube des magischen Idealisten. Zaubern kann er nämlich nur, weil die Struktur der Welt ohnehin wunderbar ist, weil es sie nur freizulegen, nicht zu erzeugen gilt. Die Welt ist wunderbar, wenn die Menschen sie nicht durch ihr egoistisches Handeln daran hindern, dies zu sein. „O! daß der Geist der Geister euch erfüllte, und ihr abließet von diesem thörichten Bestreben die Geschichte und die Menschheit zu modeln, und eure Richtung ihr zu geben." (III, 518)

Der „Geist der Geister" ist, wie schon die Formulierung ausweist, ein transzendentalphilosophischer Geist. Auch der Kritizismus, überhaupt die Entwicklung der Wissenschaften Ende des 18. Jahrhunderts sind Indizien für den Beginn der neuen goldenen Zeit. „Deutschland geht einen langsamen aber sichern Gang vor den übrigen europäischen Völkern voraus. [...] Unendlich viel Geist wird entwickelt. [...] Nie waren die Wissenschaften in besseren Händen. [...] Eine gewaltige Ahndung der schöpferischen Willkühr, der Grenzenlosigkeit, der unendlichen Mannigfaltigkeit, der heiligen Eigenthümlichkeit und der Allfähigkeit der innern Menschheit scheint überall rege zu werden." Unverkennbar ist von der Frühromantik, ist von des Novalis eigenem Werk die Rede. Die Frühromantik enthüllt sich als Geburtsvorgang der neuen Zeit. Andeutungen verraten „eine neue Geschichte, eine neue Menschheit, die süßeste Umarmung einer jungen überraschten Kirche und eines liebenden Gottes, und das innige Empfängniß eines neuen Messias in ihren tausend Gliedern zugleich. Wer fühlt sich nicht mit süßer Schaam guter Hoffnung? Das Neugeborene wird das Abbild seines Vaters, eine neue goldne Zeit mit dunkeln unendlichen Augen, eine profetische wunderthätige und wundenheilende, tröstende und ewiges Leben entzündende Zeit sein –“ (III, 519).

Eine gewaltige Überschätzung der Frühromantik! Derlei hat sich jedenfalls nicht ereignet. Das Neugeborene ist inzwischen kaum gewachsen. Aus der Anarchie ging kein höherer Mensch hervor. Die deutsche Wissenschaft hat nicht an der Freisetzung der goldnen Zeit gearbeitet, sondern an der Ausbeutung der Natur. Das 19. und das 20. Jahrhundert haben Verhältnisse geschaffen, die den Verzicht auf das planende Handeln des Menschen (auf das „Modeln“ der Geschichte) verantwortungslos erscheinen lassen. Leben und Geschichte sind dermaßen denaturiert, daß sie, wenn überhaupt, auch auf den Pfad der Natur nur noch mit denaturierten Methoden zurückgeführt werden könnten.

Wie in der Wissenschaft, so täuscht sich Novalis auch in der Politik. Von der Gärung infolge der Französischen Revolution erwartet er, daß die transzendentalen Prinzipien aller Politik ans Licht kommen. Er hofft auf einen „Staat der Staaten, eine politische Wissenschaftslehre“. Ihr Prinzip ist die neue Kirche. „Es ist unmöglich daß weltliche Kräfte sich selbst ins Gleichgewicht setzen, ein drittes Element, das weltlich und überirdisch zugleich ist, kann allein diese Aufgabe lösen.“ (III, 522) Das Wesen der neuen Kirche wird „ächte Freiheit“ sein (III, 524). Die Restauration der konkreten katholischen Kirche im 19. Jahrhundert trug nicht eben solche Züge. Sie lief keineswegs auf echte Freiheit hinaus, sondern auf die Einmauerung ins katholische Ghetto.

Freilich ist es das Wesen solcher Verheißungen, daß man sie als stets Ausstehende begreift. Daß sich die Parusie verzögert, kommt bei Propheten öfter vor. Auch ‚Die Christenheit oder Europa' verlangt bei großzügiger Auslegung nicht unbedingt die Bindung an die Frühromantik. Wohl beginnt mit ihr die dritte Phase, aber sie beginnt eben nur, der Höhepunkt ist ja vielleicht bis heute noch nicht erreicht. Der Schluß erlaubt eine beliebige Verzögerung: „Wann und wann eher? darnach ist nicht zu fragen. Nur Geduld, sie wird, sie muß kommen die heilige Zeit des ewigen Friedens [...]".

Die Wirkungsgeschichte des Texts zeigt, daß sich die Idee des goldenen Zeitalters leicht von der Frühromantik abkoppeln ließ. Der Aufsatz wurde Anfang des 19. Jahrhunderts als Philosophie der heiligen Allianz gelesen, Mitte des Jahrhunderts als prophetische Vorausahnung der katholischen Restauration, im Expressionismus als Vorschein der Utopie, im Dritten Reich als Vision der deutschen Revolution von 1933 und während der Studentenbewegung als Traum von der großen Alternative zu einer technokratisch verunstalteten Welt.

So verführerisch die Logik des Christenheit-Aufsatzes noch immer ist, so problematisch ist sie doch. Sie ermuntert zum Zerschlagen des Bestehenden, bevor eine zu Ende gedachte Alternative zur Verfügung steht: weil man auf das „wie von selbst" hofft. Sie paralysiert die Logik des Bestehenden, kann ihr aber nur die Vision der totalen Alternative entgegenhalten. Sie hat ein großes Ziel, aber keinen Weg. Wie stets, weigert sich die romantische Vision auch im Falle des Novalis, den Schatz der Utopie in die kleine Münze der Tagespolitik umzuwechseln. Sie will den einen großen Sprung, anstelle der unzähligen Krümmungen des Weges der Erfahrung, wie Heinrich von Ofterdingen im Gespräch mit den Kaufleuten erklärt (I, 208). Alles oder nichts. So bleibt es meistens dabei, daß der Romantiker mit der großen Alternative im Herzen im Alltag dasselbe tut wie die anderen auch. Sobald aber irgendeine Revolution am Horizont sich zeigt, ist er dabei.

Reize des Göttlichen

,Geistliche Lieder'

Schwerlich würde ohne den Tod philosophiert werden, sagt Schopenhauer (Welt als Wille und Vorstellung, 2. Band 41. Kapitel). Der Tod ist der eigentliche inspirierende Genius der Philosophie (Schopenhauer), der harte Kern insbesondere jeder Metaphysik. Das unaufhebbare Faktum des Sterbenmüssens ist es, woraus der Rede vom Jenseits, von der Ewigkeit, von der Erlösung etwas Unwiderstehliches zuwächst, das alle Religionskritik verstummen läßt, weil auch sie nicht hinter den Vorhang schauen kann. Jede Vision der Aufhebung von Raum und Zeit hat ihren Erfahrungskern im Tod. Jede Hoffnung auf endgültige Erlösung und Befreiung von den Fesseln der Individuation findet Anschauungsmaterial allein im Reich des Todes. Auch die Lust will Ewigkeit, sagt Nietzsche, aber nur die Liebe, die zugleich Tod ist, gewährt sie. Der Wunsch, zu zerfließen und sich mit allen anderen Menschen zu vermischen: auch sein heimliches Telos ist der Tod. Ewige Liebe schmecken die Toten. „So in Lieb und hoher Wollust/Sind wir immerdar versunken/Seit der wilde trübe Funken/Jener Welt erlosch" (,Lied der Toten').

Das Werk des Novalis ist dort am unwiderlegbarsten, wo sich seine Hoffnung nicht mehr auf ein Irdisches richtet. Neben den überspannten Erwartungen, die sich auf die Poetisierung der Sophie von Kühn, der Wissenschaft, der Monarchie oder der katholischen Kirche richteten, wirken die ,Geistlichen Lieder' still und wahr. Sie sprechen von Liebe und Schmerz, von Sehnsucht und Treue, von Tod und Erlösung. Das Freisein von allen irdischen Interessen, das nur der Tod endgültig verbürgt, ist dem Gläubigen in der Liebe zu Christus schon auf Erden gegeben:

Nimm du mich hin, du Held der Liebe!
Du bist mein Leben, meine Welt,
Wenn nichts vom Irdischen mir bliebe,
So weiß ich, wer mich schadlos hält.
(Lied XI)

Oder, in Lied Nr. V:

Wenn ich ihn nur habe,
Lass' ich alles gern,
Folg' an meinem Wanderstabe
Treugesinnt nur meinem Herrn;
Lasse still die Andern
Breite, lichte, volle Straßen wandern.

Die Philosophie des Novalis ließ sich gut in die christliche Tradition einschreiben. Die Lieder enthalten viele Spuren des magisch-idealistischen Denkens. Auch in ihnen bleibt die Fichtesche Ich-Philosophie wirksam, die keine klare Grenze zwischen Ich und Welt kennt: „Wenn ich ihn nur habe, hab ich auch die Welt", singt mit gläubiger Sicherheit Lied V. Daß es eine höhere Welt gibt, jenseits des unfreien und habgierigen gewöhnlichen Lebens der Philister, wird nun nicht mehr philosophisch, sondern religiös formuliert. Christus ist der Mittler, der uns die Niedrigkeit der materiellen Welt bewußt macht. Sein Tod ist neues Leben. „Mit ihm kommt neues Blut und Leben/In dein erstorbenes Gebein", verspricht Lied III. Er garantiert die Befreiung vom Kalten und Starren und den Beginn des goldenen Zeitalters:

Ueberall entspringt aus Grüften
Neues Leben, neues Blut;
Ew'gen Frieden uns zu stiften,
Taucht er in die Lebensfluth;
Steht mit vollen Händen in der Mitte,
Liebevoll gewärtig jeder Bitte.
(Lied II)

Christus kommt, wie die Poesie, aus dem Morgenland („Fern in Osten wird es helle“, Lied II). Er ist, wie die Poesie, flüssig:

Ewig wird zu süßer Labe
Seines Herzens Fluth mir seyn,
Die mit sanftem Zwingen
Alles wird erweichen und durchdringen.
(Lied V)

Christus weiß auch endlich den Weg zu der verstorbenen Sophie:

Was du verlohrst, hat er gefunden;
Du triffst bey ihm, was du geliebt:
Und ewig bleibt mit dir verbunden,
Was seine Hand dir wiedergiebt.
(Lied III)

Christi Auferstehung, als der Stein vom Grabe gewälzt wird, wiederholt das Erlebnis an Sophiens Grabe, als der Hügel weggeblasen wurde wie Staub. An Christi Hand erscheint auch Sophie als Auferstandene. In der Zeit der maß- und hoffnungslosen Trauer um Sophie:

Ward mir plötzlich, wie von oben
Weg des Grabes Stein gehoben,
Und mein Innres aufgetan.

Wen ich sah, und wen an seiner
Hand erblickte, frage Keiner,
Ewig werd' ich dies nur sehn;
Und von allen Lebensstunden
Wird nur die, wie meine Wunden,
Ewig heiter, offen stehn.
(Lied IV)

Als Grundbaß im Konzert der Träume und Philosopheme des Romantikers bleibt freilich auch das pietistische Erbe in den Geistlichen Liedern gut sichtbar. Deutlich zeugen sie von der Religion eines Erweckten. Mehrfach ist von seinem großen Erweckungs- und Bekehrungserlebnis die Rede. Nur eine Stunde seines Lebens, sagt er im vierten Lied, bleibt ihm treu, die seiner Erweckung am Grabe der Sophie. Es ist zugleich diejenige,

> wo in tausend Schmerzen
> Ich erfuhr in meinem Herzen,
> Wer für uns gestorben sey.

Pietistisch ist auch der kindliche und vertrauensvolle Ton. Die raffinierte Schlichtheit und Einfalt der Geistlichen Lieder richtet sich gegen die anmaßende Vernunft der Aufklärer. Es ist allerdings eine sekundäre, eine wissende Naivität. Das Verhältnis zu Christus ist innig und freundschaftlich, von Liebe und Treue geprägt in einer rundherum feindseligen Welt. „Wenn alle untreu werden,/So bleib' ich dir doch treu" (Lied VI). Die Präsenz Christi erfährt der Sänger ganz im herrnhutischen Geiste im Sinne von Mt 18, 20: „Gewiß ihn unter uns zu haben/Wenn zwey auch nur versammelt sind." (Lied I) Pietistisch ist auch die Situation der Intimverkündigung in der dritten Hymne, wo das sprechende Ich einem Trauernden und Verzweifelnden weinend in die Arme fällt und ihm versichert: „Auch mir war einst, wie dir, zu Muth,/Doch ich genas von meinem Harme,/Und weiß nun, wo man ewig ruht."

Vom Schlichten und Innigen darf man sich allerdings nicht täuschen lassen. Daß höchste Bewußtheit auch in den Geistlichen Liedern herrscht, zeigen die Notizen und Aufzeichnungen während der Entstehungszeit. Wieder ist das Phänomen zu beobachten, daß das fertige, zum Druck vorgesehene Werk eine Bestimmtheit und Sicherheit aufweist, die im deutlichen Gegensatz steht zur fragenden Unbestimmtheit der gleichzeitigen Aufzeichnungen.

Diesen fehlt jede Schlichtheit. Aus der gleichen Zeit, in der Novalis die ersten ‚Geistlichen Lieder' schrieb, stammt eine Notiz über die innige Verwandtschaft von Wollust,

Religion und Grausamkeit (FrS 90). Unfromme Erwägungen dieser Art sind durchaus charakteristisch. Ob die Geschlechtslust, als Sehnsucht nach fleischlicher Berührung, vielleicht ein versteckter Appetit nach Menschenfleisch sei, fragt FrS 144. Ob ein römischer Soldat Vater Jesu sein konnte, erwägt ohne Rücksicht auf die christliche Dogmatik FrS 97.

Generell gilt, daß Novalis auch im religiösen Bereich nicht nur gläubig hinnehmend, sondern aktiv und produktiv sein will. „Religion muß gemacht und hervorgebracht werden" (FrS 12). „Sollte die Bibel nicht noch im Wachsen begriffen seyn?" (FrS 97). Den Himmel definiert er unbefangen als ein „Erzeugniß des produktiven Herzens" und die Religion als transzendentalphilosophische Selbstbegegnung des Herzens; sie entsteht, indem das Herz sich selbst empfindet und zu einem idealischen Gegenstand macht (FrS 104).

Die Aufzeichnungen geben eine dialektische Psychologie der Religion. Weder Gott noch der Mensch dürfen vollkommen sein, wenn das Religiöse seine Funktion wahrnehmen soll. „Sollen wir Gott lieben, so muß er *hülfsbedürftig* seyn" (FrS 48). Besonders paradox formuliert FrS 573 (April 1800): „Die christliche Religion ist die eigentliche Religion der Wollust. Die Sünde ist der große Reitz für die Liebe der Gottheit. Je sündiger man sich fühlt, desto kristlicher ist man. Unbedingte Vereinigung mit der Gottheit ist der Zweck der *Sünde* und *Liebe.*"

Die Sünde ist, wie die Krankheit, ein Mittel zur Erhöhung des Menschen. „Wie der Mensch Gott werden wollte, sündigte er." (FrS 601) Auch „Liebe ist durchaus *Krankheit*" (FrS 607). Es gibt eine Kunst, solche Krankheiten zu benutzen (FrS 606), und Novalis will ihr Prophet sein.

Der schlichte, pietistische Ton der Lieder ist also keine fromme Selbstverständlichkeit, sondern einer hochgezüchteten und in manchen Partien durchaus frivolen Intellektualität abgerungen. Er ist gewollt und gemacht, nicht einfach gläubig empfangen, und insoweit noch immer dem Verfahren des magischen Idealismus verpflichtet.

„Meinen Liedern gebt die Aufschrift: Probe eines neuen, geistlichen Gesangbuchs“, schreibt Novalis am 31. Januar 1800 an Friedrich Schlegel, der einige der Geistlichen Lieder im Athenäum drucken wollte. Die vierzehn erhaltenen Lieder waren also nicht als Kunstlyrik konzipiert, sondern für die Praxis des christlichen Hauses gedacht. Sie stellen keinen Zyklus dar. Sie sind in einem relativ langen Zeitraum entstanden. Die ersten acht Lieder waren im Herbst 1799 fertig. Für die Entstehungszeit von IX und XII gibt es keine sicheren Indizien. Die Lieder X, XIV und XV stammen aus dem Frühjahr 1800 und gehören zum Ofterdingen-Material. Lied XIII lag einem Brief vom August 1800 bei. Die sogenannte Abendmahlshymne wurde zwar im Erstdruck den ersten sechs Liedern hinzugefügt, gehört aber weder zeitlich noch inhaltlich noch der Form nach zu den Geistlichen Liedern. Leider druckt die Historisch-kritische Ausgabe sie trotzdem in diesem Kontext (als Lied VII). Obgleich daher die Zählung in den verschiedenen Ausgaben von Nr. VII an uneinheitlich ist, wird hier der Konsequenz halber die Zählung der Historisch-kritischen Ausgabe beibehalten.

Einige der Geistlichen Lieder fanden schnell den Weg in die evangelischen Kirchengesangbücher. Am häufigsten findet man die Lieder I, V, VI und IX, seltener III und IV. Während bis zum Ende des 18. Jahrhunderts die meisten Kirchenlieddichter auch in der profanen Literaturgeschichte als bedeutende Autoren Anerkennung gefunden haben (Martin Luther, Friedrich von Spee, Christian Fürchtegott Gellert, Friedrich Gottlieb Klopstock), beginnt mit dem 19. Jahrhundert das beklagenswerte Auseinanderdriften der profanen und der sakralen Dichtungstradition. Die profanen Dichter finden nur noch selten ins Gesangbuch, und die sakralen finden nicht mehr in die Lyrikanthologien. Die profane Tradition ist formal und inhaltlich innovativ, während die sakrale Tradition oft von provinziellen Gemeindedichtern getragen wird und sich auf dem Erbe der großen Jahrhunderte der Kirchenlieddichtung ausruht. Novalis gehört zu den letzten großen Dichtern, die ins Kirchengesangbuch aufgenommen werden.

Das allerdings nicht ohne Blessuren. Man kann vereinfacht sagen, daß die Gesangbuch-Fassungen seiner Lieder alles Novalis-typische ausscheiden und den Dichter auf die pietistische Grundschicht reduzieren. Konsequent ausgemerzt werden die Bereiche Orient/Morgenland/Poesie, die Flüssigkeitsmetaphern, die erotische Bildlichkeit und die Geschichtsphilosophie. Einige Beispiele, zusammengestellt aus sieben zufälligen evangelischen Gesangbüchern des 19. Jahrhunderts, sollen das illustrieren.

Die letzten vier Zeilen der dritten Strophe des ersten Liedes lauten:

> Mit ihm bin ich erst Mensch geworden;
> Das Schicksal wird verklärt durch ihn,
> Und Indien muß selbst in Norden
> Um den Geliebten fröhlich blühn.

Durch Christus kommt Indien in den Norden. „Indien", das Geburtsland der Poesie, und „Norden" als Bild der deutschen Starre und Kälte sind typische Novalis-Metaphern, die in der Tradition der Kirchenlieddichtung unvertraut waren. Deshalb wurde der Text an dieser Stelle stets bearbeitet. Das „Christliche Gesangbuch" Bremen 1812 baut den Satz um und ersetzt „Indien" christianisierend durch „Paradiese". Im Darmstädter Gesangbuch (1845 u.ö.) steht „Und Eden muß an allen Orten um den Geliebten wieder blühn." Wiesbaden (ca. 1895) tilgt auch noch den „Geliebten": „ein Paradies muß allerorten um mich, als Gottes Kind, erblühn." Das württembergische Gesangbuch (Stuttgart 1841 u.ö.) und das hessische (Darmstadt 1880 u.ö.) lassen die Passage ganz aus.

Daß das zweite Lied fast nie im Gesangbuch auftaucht, dürfte auf die Anfangszeile zurückzuführen sein: Fern im

Osten wird es helle". Die deutschen Kirchen waren abendländisch orientiert. Sie liebten das Morgenland der Poesie nicht. Sie assoziierten im Banne der Kreuzzugsideologie zu „Osten" noch immer „Ketzer" und „Heidentum", das „Ex oriente lux" vergessend.

Christi Flüssigkeit im fünften Lied („Seines Herzens Fluth ...,/die mit sanftem Zwingen/Alles wird erweichen und durchdringen") wird um die bildliche Konkretion gebracht, indem „erweichen" durch „erreichen" ersetzt wird (Darmstadt 1880 u.ö., Wiesbaden ca. 1895). Bremen 1812 und Stuttgart 1841 (u.ö.) lassen die Strophe ganz aus.

„Das Leben wird zur Liebesstunde,/Die ganze Welt sprüht Lieb' und Lust" (Lied I): auch mit dem Erotizismus des Romantikers hat die Evangelische Kirche Probleme gehabt. „Das Leben wird zur Feyerstunde" (Bremen 1812) oder „zum Freundschaftsbunde" (Darmstadt 1845) sind die geläufigen Auswege. Die Gesangbücher Stuttgart 1841 (u.ö.), Darmstadt 1880 (u.ö.) Wiesbaden (um 1895) lassen die Zeile aus. Auch „Lieb und Lust" in Strophe 9 werden entweder gestrichen oder durch Wendungen wie „Lieb und Treu" oder „ewge Hoffnung" ersetzt.

In die Geschichtsphilosophie des Novalis, den Weg vom einstigen Zauber der Frühe über die entfremdete Jetztzeit hin zu einem künftigen goldenen Zeitalter, werden die traditionellen Lehren von Anfang und Ende der Welt eingeschwärzt. Aus der rückwärtsgerichteten Neigung des Romantikers zu den alten Geschichten wird die übliche Jenseitsorientierung gemacht. Die romantische Definition des Himmels als unseres „alten Vaterlandes" in Str. 9 wird in die vertrauten ausgefahrenen Geleise zurückgeführt und standardisiert zu „unsrer Seele Vaterland" (Bremen 1812), „heilges Vaterland" (Darmstadt 1845) oder „wahres Vaterland" (Darmstadt 1880, Wiesbaden um 1895). Nur Stuttgart (1841 u.ö.) läßt die Stelle unversehrt.

Die Gesamttendenz dieser Bearbeitungsbeispiele ist eindeutig. Weil die Überlieferung dogmatisch festgeschrieben schien, wurde alles Ungewohnte, alles Innovatorische konsequent abgeschnitten. Die poetische und metaphorische, die erotische und die geschichtsphilosophische Beschränktheit der Bearbeiter und ihrer Auftraggeber liegt auf der Hand. Während die kirchliche Tradition in früheren Jahrhunderten für die poetische Innovation in der Regel aufgeschlossen war, igelte sie sich seit dem 19. Jahrhundert ein. Inzwischen hat sich ein gigantischer Nachholbedarf aufgestaut. Vielleicht ist er so groß, daß die plötzliche Öffnung des Dammes zu einer zerstörerischen Flutwelle führen müßte, die den verhärteten Rest des Traditionskontinuums gänzlich mit sich fortreißen würde.

Im Stammteil des seit 1950 für vier Jahrzehnte gebräuchlichen ‚Evangelischen Kirchengesangbuchs' finden sich überhaupt keine Novalis-Lieder mehr, ebensowenig wie in seinem Nachfolger, dem im Laufe der neunziger Jahre überall eingeführten ‚Evangelischen Gesangbuch'. In die katholischen Gesangbücher ist der Protestant Novalis überhaupt nicht vorgedrungen. Das ist insofern engstirnig, als die wunderschönen Marienlieder Nr. VIII (ein Stabat Mater-Lied, wie Margot Seidel dargelegt hat), Nr. XIV und Nr. XV im protestantischen Bereich ihrer vermeintlich katholischen Tendenz wegen nicht gesungen wurden. Den Protestanten sind sie zu katholisch, den Katholiken zu protestantisch? Auch im ökumenischen Denken war Novalis seiner Zeit voraus. Für ihn kann Maria Mittler sein wie Sophie, wie Christus. „In der Wahl des Mittelglieds muß der Mensch durchaus frey seyn." (VB 73) Warum also nicht Maria:

Ich sehe dich in tausend Bildern,
Maria, lieblich ausgedrückt,
Doch keins von allen kann dich schildern,
Wie meine Seele dich erblickt.

Ich weiß nur, daß der Welt Getümmel
Seitdem mir wie ein Traum verweht,
Und ein unnennbar süßer Himmel
Mir ewig im Gemüthe steht.

Die wollüstigen Beseligungen des Bewußtseinsverlusts

‚Hymnen an die Nacht'

Die ‚Hymnen an die Nacht' dürften, betrachtet man die vorhandenen Zeugnisse, also die Druckfassung im ‚Athenäum', die kurz vorher entstandene Handschrift und die spärlichen brieflichen Äußerungen, wahrscheinlich in den Monaten vor und nach der Jahreswende 1799/1800 geschrieben worden sein.

Viel Verwirrung um die Datierung entstand dadurch, daß in der dritten Hymne eine Passage vorkommt, die offensichtlich Vorstellungen aus dem Tagebuch aufnimmt, das Novalis nach Sophies Tod geführt hat. Am 13. Mai 1797 notierte Novalis nach einem Besuch an Sophiens Grab: „Dort war ich unbeschreiblich freudig – aufblitzende Enthusiasmus Momente – Das Grab blies ich wie Staub, vor mir hin – Jahrhunderte waren wie Momente –" (IV, 35f.). Die dritte Hymne blickt auf dieses Erlebnis zurück, entfaltet es und erinnert an zwei Stellen beinahe wörtlich an die Formulierungen des Tagebuchs: „Zur Staubwolke wurde der Hügel […] Jahrtausende zogen abwärts in die Ferne, wie Ungewitter." (I, 135)

Es störte viele Forscher, daß zwischen dem Erlebnis und der Dichtung über zwei Jahre liegen sollten. Wenn das Graberlebnis so prägend war, dann mußte es sich doch dichterisch sogleich, und nicht erst nach einer so langen Pause ausgewirkt haben. Es entstanden deshalb die verschiedensten Spekulationen über nicht erhaltene Vorstufen der Dichtung. Eine „Urhymne" soll existiert haben (Heinz

Ritter). Das ist zwar möglich, aber mehr auch nicht. Stichhaltige Beweise gibt es nicht.

Die Frage hat deswegen so umfassende Dimensionen angenommen, weil Novalis dem Graberlebnis in der dritten Hymne eine ganz entscheidende Stellung einräumt. „Seitdem", heißt es, „fühl ich ewigen, unwandelbaren Glauben an den Himmel der Nacht und sein Licht, die Geliebte." (I, 135) Nimmt man diese Äußerung als biographische Wahrheit, dann wäre das Erlebnis am Grabe eine Art Initiation des Dichters Novalis eine Art mystisches Erweckungserlebnis, auf dem sein gesamtes späteres Werk aufbaut.

Weil es nun nicht gut denkbar schien, daß jemand ein solches Erweckungserlebnis hat, aber erst über zwei Jahre später daraus die dichterischen Konsequenzen zieht, wollte man gern eine philologische Brücke bauen zwischen dem Tagebuchschreiber von 1797 und dem Hymnendichter von 1799/1800. Das Sophienerlebnis sollte ihn zum Dichter gemacht haben. Sein ganzes Dichten sollte nur die allmähliche Ausfaltung dieses Erlebnisses gewesen sein.

Gegen diese Darstellung der Sachlage ist einzuwenden, daß in der Zeit mit Sophie und in der Zeit nach ihrem Tode eindeutig das theoretische Schaffen dominiert. Die Fichte-Studien, die Kant- und Hemsterhuis-Studien, die ‚Vermischten Bemerkungen' und ihre Vorarbeiten, ‚Glauben und Liebe' und das ‚Allgemeine Brouillon': *das* ist die philologisch sicher bezeugte Art, wie Novalis auf Sophie und auf ihren Tod reagierte. Von Urhymnen fehlt hingegen jede Spur.

Es besteht überdies keine Notwendigkeit, die dritte Hymne allzu wörtlich als autobiographisches Zeugnis zu behandeln. Das dort sprechende Ich ist zunächst einmal ein gedichtetes Ich, das einer Rolle gemäß gestaltet ist. Die Dichtung überhöht und stilisiert einen Keim autobiographischer Realität zum Mythos von der großen Initiation.

Novalis interpretiert das Erlebnis am Grabe erst rückblickend als Erweckungserlebnis. Seine Bedeutung war dem

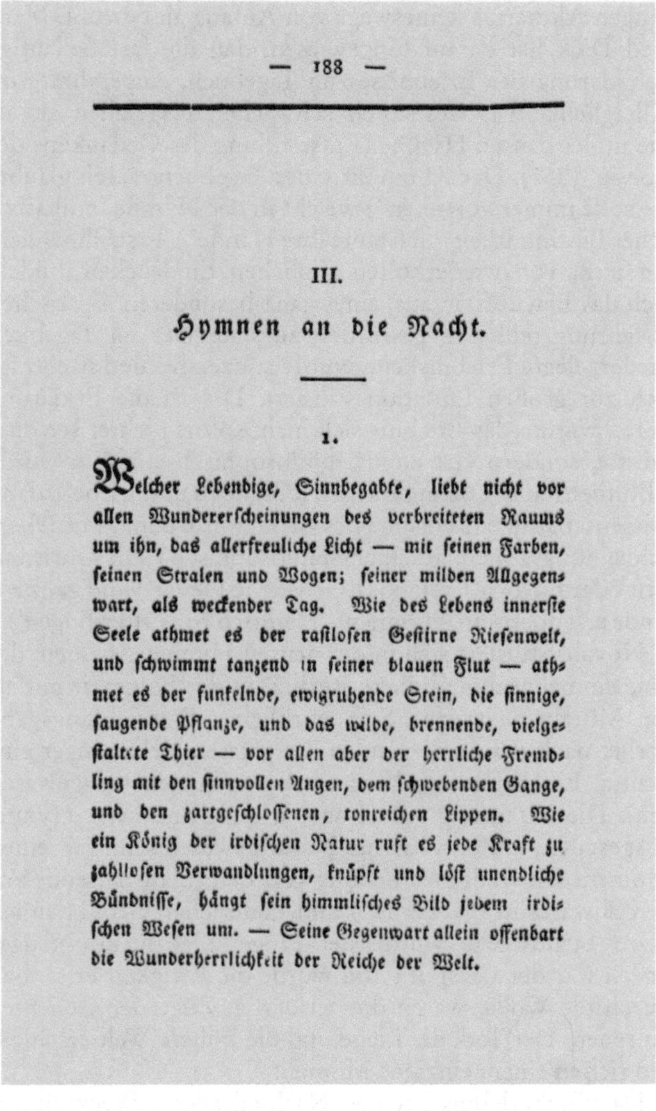

— 188 —

III.

Hymnen an die Nacht.

1.

Welcher Lebendige, Sinnbegabte, liebt nicht vor allen Wundererscheinungen des verbreiteten Raums um ihn, das allerfreuliche Licht — mit seinen Farben, seinen Stralen und Wogen; seiner milden Allgegenwart, als weckender Tag. Wie des Lebens innerste Seele athmet es der rastlosen Gestirne Riesenwelt, und schwimmt tanzend in seiner blauen Flut — athmet es der funkelnde, ewigruhende Stein, die sinnige, saugende Pflanze, und das wilde, brennende, vielgestaltete Thier — vor allen aber der herrliche Fremdling mit den sinnvollen Augen, dem schwebenden Gange, und den zartgeschlossenen, tonreichen Lippen. Wie ein König der irdischen Natur ruft es jede Kraft zu zahllosen Verwandlungen, knüpft und löst unendliche Bündnisse, hängt sein himmlisches Bild jedem irdischen Wesen um. — Seine Gegenwart allein offenbart die Wunderherrlichkeit der Reiche der Welt.

Abb. 4: Erstdruck der ‚Hymnen an die Nacht' im ‚Athenäum', 1800

jungen Aktuarius keineswegs von Anfang an bewußt. Manfred Dick hat darauf hingewiesen, daß die fast beiläufige Schilderung des Erlebnisses im Tagebuch, eingerahmt von Alltäglichkeiten, wesentlich schwächer ausgefallen ist als die in der dritten Hymne (Entwicklung des Gedankens der Poesie, 1967). Der Konjunktiv des Tagebuchs („Ich glaubte sie solle immer vortreten") weicht in der Hymne indikativischer Bestimmtheit („ich faßte ihre Hände"). Erst allmählich, verstärkt von wiederholten ähnlichen Eindrücken, bildete sich das Bewußtsein aus, einer ganz besonderen mystischen Erfahrung teilhaftig geworden zu sein. Der im Tagebuch niedergelegte Erlebniskeim wurde sukzessive und nachträglich zur großen Initiation stilisiert. Das ist die Erklärung dafür, warum das Erlebnis sich nicht sofort dichterisch auswirkte, sondern erst einmal philosophisch entfaltet wurde (‚Blüthenstaub'), dann politisch (‚Glauben und Liebe'), dann wissenschaftlich (‚Allgemeines Brouillon'), dann, mit Überschneidungszonen, geschichtsphilosophisch (‚Die Christenheit oder Europa'), religiös (‚Geistliche Lieder') und ganz am Ende erst poetisch (‚Hymnen', ‚Heinrich von Ofterdingen').

Novalis stilisiert sich in der dritten Hymne als einen, der eine einmal geahnte höhere Realität in der Folgezeit mit allen Mitteln auswertet. Sein wirklicher Entwicklungsgang verlief nach den vorliegenden Zeugnissen viel weniger eindeutig. Ein Erfahrungskern wird jedoch sicher dagewesen sein. Die Erfahrung am Grabe, wie sie die dritte Hymne ausgestaltet, muß mystischer Natur gewesen sein. Für einen Moment schien die Aufhebung von Zeit („Jahrtausende zogen abwärts in die Ferne") und materieller Gebundenheit („zur Staubwolke wurde der Hügel") geglückt. Neugeboren war der Geist, im Tod wurde die Ewigkeit erfahrbar, durch die Wolke waren die verklärten Züge der Geliebten zu sehen. Der Tod, die Liebe und die höhere Welt erschlossen sich in einem einzigen Moment.

Das Graberlebnis hat den Nachteil aller Erweckungserlebnisse: es bleibt privat. Es ist nicht übertragbar. Wenn man nicht Novalis-gläubig ist, löst es Befremdung, Mißtrauen oder ein gleichgültiges Achselzucken aus. Entweder man ist Eingeweihter oder man ist es nicht. „Jedes wahre Geheimniß muß die Profanen von selbst ausschließen." (GL Nr. 2) Es gibt Novalisten, so wie es Wagnerianer gibt. Wer nicht dazugehört, steht kopfschüttelnd. Der selbst nicht Erweckte hat die Wahl, entweder zu schweigen oder eine mehr oder minder profane Erklärung zu suchen, die die unverständliche Erscheinung in einen vertrauten Bezugsrahmen einrückt. Die Erweckten wird er damit freilich verletzen oder sich ihre Verachtung zuziehen.

Erweckungserlebnisse sind ein bedeutender Faktor der pietistischen Religiosität. Die Subjektivierung des Religiösen schuf, so sehr sie gegenüber der erstarrenden Orthodoxie einen Fortschritt an Wahrheit und seelischer Tiefe geltend machen konnte, einen ungeheuren Vollzugsdruck. Die Erlebnistiefe wurde zum Gradmesser der religiösen Wahrheit. Von nun an war man ständig auf der Suche nach Realisation. Die bloß objektive Teilnahme an der Liturgie als einer kollektiven symbolischen Schauhandlung genügte nicht mehr. Die private Ergriffenheit war zum Maßstab der religiösen Gültigkeit geworden. Die Gnade Gottes mußte fühlbar werden, koste es, was es wolle. Wieviel seelische Gewalttätigkeit, wieviel Heuchelei, wieviel Autosuggestion damit verbunden sein konnte, zeigt exemplarisch die Schilderung einer pietistischen Erziehung in der romanhaften Autobiographie ‚Anton Reiser' (1785–1790) von Karl Philipp Moritz. Die Angst vor der Leere der religiösen Empfindung führte zu einer ständigen Suche nach Erlebnissen, die sich religiös deuten ließen. Der gründlich antrainierte Formenschatz frommer Innigkeiten brauchte Betätigung. Die religiöse Erziehung, gegen die Novalis ja nie opponiert hat, bot den strukturellen Rahmen, in den er das Sophienerlebnis einschreiben konnte. Als eine religiöse oder parareligiöse Erscheinung soll es hier verstanden werden.

Mit dem „Mittler"-Fragment des ‚Blüthenstaub' stellte Novalis sich einen philosophisch-religiösen Freibrief aus. Daß das Mittelglied frei wählbar sein müsse, daß alles Organ der Gottheit, Mittler sein könne (VB Nr. 73): das bedeutete, nicht gebunden zu sein an die überlieferten kultischen Formen, die bestimmte Mittelglieder festgeschrieben haben („Landesreligionen"). Man soll vielmehr selbst religiös schöpferisch sein. An die Stelle des überlieferten Mittlers konnten auch andere Mittler treten, zum Beispiel die gestorbene Sophie. Mit der Formel „Xstus und *Sophie*" endet eine der letzten ‚Journal'-Aufzeichnungen (29. Juni 1797, IV, 48).

Liebe und Tod der Sophie von Kühn boten dem von innerer Leere bedrohten religiösen Gehäuse einen neuen Inhalt. Schon das nicht oder wenig Erotische einer Beziehung zu einem Kinde begünstigte diese Wendung. Die lange Krankengeschichte und besonders ihr Tod erlaubte, ja erzwang die Sublimierung des Leidensdrucks gerade in die religiöse Richtung.

Zunächst bleibt das Religiöse implizit. Es ist nur als Struktur sichtbar, denn erst einmal faltet Novalis seine Erweckung philosophisch, politisch und wissenschaftlich aus. Erst als diese Bemühungen fruchtlos bleiben (bzw. Literatur bleiben), wird das religiöse Interesse explizit; erst vom Herbst 1799 an bis zum Tode spielt das ausdrücklich Religiöse, spielen die Kirche, Christus und Maria eine herausragende Rolle. Die Sophienerfahrung findet allmählich zu ihrem Ursprung zurück. Die überspannte Privatreligion weicht einem Wiedereintreten in die objektiven Überlieferungen der christlichen Kirche.

In der christlichen Tradition ist die Nacht der Ort der Angst und der Sünde, des Schauders und der Dämonen. Das Fest der Weihnacht ist kein Gegenargument. Die Nacht der Geburt Jesu wird als „lichte Nacht" gefeiert, wie in Gryphius' Gedicht ‚Über die Geburt Jesu'. Christus ist das Licht, das die Nacht erhellt.

Das Licht ist auch die Grundmetapher der Aufklärung, die sich als Anbruch des Tages nach dem „finsteren Mittelalter“ versteht. Der Verstand erscheint als Licht, der Aberglaube als Finsternis. Die aufgeklärte Epoche liebt das Bild des Sonnenaufgangs.

Zu beiden Traditionen, zur christlichen wie zur aufklärerischen, steht Novalis im Widerspruch, wenn er die Nacht hymnisch preist. Auch wenn es literarische Anregungen gibt, weil man die Wohltaten des Schlafes zu allen Zeiten zu schätzen wußte, ist die grundsätzliche, radikale Aufwertung der Nacht eine ganz eigene und höchst folgenreiche schöpferische Leistung des Neuland Rodenden gewesen. Es ist vom Textbefund her nicht möglich, diese Nachtverehrung wegzudeuten oder zu relativieren, indem man sie dialektisch mit einer Lichtverehrung in Verbindung bringt, um Novalis vor dem Verdacht des Irrationalismus zu schützen, für den die ‚Hymnen an die Nacht‘ wie kein anderer Text Argumente liefern. Der Wortlaut ist zu eindeutig. Vom Licht ist zwar gelegentlich die Rede, doch unverkennbar ist es zweiten Ranges. Am deutlichsten wird dieses Rangverhältnis in der vierten Hymne:

> „Noch weckst du, muntres Licht den Müden zur Arbeit – flößest fröhliches Leben mir ein – aber du lockst mich von der Erinnerung moosigem Denkmal nicht. Gern will ich die fleißigen Hände rühren, überall umschaun, wo du mich brauchst – rühmen deines Glanzes volle Pracht – unverdroßen verfolgen deines künstlichen Werks schönen Zusammenhang [...]. Aber getreu der Nacht bleibt mein geheimes Herz [...]“ (I, 137)

Die Stelle zeigt auch, daß die Nachtverehrung nicht im Widerspruch steht zu dem Arbeitseifer, den der Salinenassessor Friedrich von Hardenberg an den Tag gelegt hat. Sie veranlaßt ihn nicht zu quietistischer Passivität.

Zwar gibt es Aufzeichnungen, die dem Lichte die höhere Stellung einräumen, doch sind sie älterer Natur. Die ‚Teplitzer Fragmente‘ (Sommer 1798) schreiben der Nacht

„Unbesonnenheit“ zu (VF 438) und nennen das Licht das „Symbol der ächten Besonnenheit“, den Tag das Bewußtsein, die Sonne das Prinzip „ewiger Selbstthätigkeit“, den Schlaf die notwendige Erquickung mit dem Ziel des neuen Lebens (VF 432). „Schlummer ist ein Anhalten des höhern Organs – eine Entziehung des *geistigen Reitzes*“ (VF 442). Mit „ächter Besonnenheit“, „Selbstthätigkeit“ und der Rede vom „höhern Organ“ sind dem Lichte typische Bestimmungen der transzendentalen Reflexion des magischen Idealisten zugeschrieben.

Aus der ‚Ofterdingen‘-Zeit haben wir ferner die im Eingangskapitel interpretierte Gedichtzeile „Wenn dann sich wieder Licht und Schatten / Zu ächter Klarheit wieder gatten“. Mit ihr zielt Novalis, anders als in den ‚Hymnen‘, auf eine der Trennung von Licht und Schatten vorausliegende Ebene, nicht einfach auf eine Rehabilitation des Lichts. Das Licht per se ist als „freches Licht“ seit dem ‚Christenheit‘-Aufsatz in der Regel negativ.

In den Nacht-Hymnen ist die transzendentalphilosophische Reflexion, die in allen bisherigen Texten eine so große Rolle gespielt hat, nur noch schwer zu erkennen. Das Ziel der Hymnen ist zwar immer noch die höhere Ebene, die auch der magische Idealist suchte, aber der Weg dorthin ist nicht mehr der der philosophischen Reflexion, nicht mehr der des Denkens, sondern der des Schlafs, des Traums und des Rauschs, der Versenkung in die Vorzeit, der Liebe und des Todes. Der so angestrengt gedacht hat, scheint jetzt von den Beseligungen des Bewußtseinsverlusts zu träumen:

> „Heiliger Schlaf – beglücke zu selten nicht der Nacht Geweihte in diesem irdischen Tagewerk. Nur die Thoren verkennen dich […] Sie fühlen dich nicht in der goldnen Flut der Trauben – in des Mandelbaums Wunderöl, und dem braunen Safte des Mohns. Sie wissen nicht, daß du es bist der des zarten Mädchens Busen umschwebt und zum Himmel den Schoß macht – ahnden nicht, daß aus alten Geschichten du himmelöffnend entgegentrittst […]“
>
> (2. Hymne)

Trauben, Mandelöl und Mohn beziehen sich auf Wein, Bittermandelwasser (das damals, so Gerhard Schulz im Kommentar der Studienausgabe, als Krampflösungsmittel verwendet wurde) und Opium, also auf Rausch- und Entspannungsmittel. Die Nacht verspricht Bewußtseinsverlust. Zum Himmel wird der Schoß des zarten Mädchens durch das Zergehen des Bewußtseins in der geschlechtlichen Vereinigung, wie in den ‚Lehrlingen', wo der empfindende Jüngling „bebend in süßer Angst in den dunkeln lockenden Schoos der Natur versinkt" und „die arme Persönlichkeit in den überschlagenden Wogen der Lust sich verzehrt" (I, 104). Und „aus alten Geschichten" tritt uns der heilige Schlaf entgegen: das Zukunftspathos des magischen Idealisten ist zwar, wie die fünfte Hymne und der ‚Christenheit'-Aufsatz zeigen, damals nicht erloschen, aber der Weg zu dieser Zukunft führt erst einmal zurück zu den alten Geschichten, zu den Mythen, Märchen und Legenden der voraufklärerischen heiligen Vorzeit.

Wenn uns dieser Irrationalismus verblüfft, sollten wir uns allerdings daran erinnern, daß Verblüffung durch visionäre Einseitigkeiten ein Stilprinzip des Novalis ist. Auch die ‚Hymnen' gehorchen dem methodischen Impetus des „Romantisierens". Der magische Idealist verrät sich in der Bestimmtheit und Fraglosigkeit, mit der er jetzt auf die Nacht setzt. „Man muß nicht ungewiß etc. ängstlich etc. schreiben – verworren, unendlich – sondern bestimmt – klar – fest – mit apodiktischen, stillschweigenden Voraussetzungen –" (ABr 734). Das Stilprinzip des apodiktischen Sprechens besteht nach wie vor. Das Suchende und Fragende der Aufzeichnungen und Studien wird durch einen Ton visionärer Sicherheit zur Ruhe gezwungen. Die fertigen Dichtungen haben im Gegensatz zu den Fragmenten und Notizen eine gewalttätige Klarheit. Wie in ‚Glauben und Liebe' und in den ‚Geistlichen Liedern', wie in ‚Die Christenheit oder Europa' und im ‚Ofterdingen' filtert Novalis auch in den ‚Hymnen' jeden Zweifel aus.

Unter all diesen, zum Teil problematischen Voraussetzungen gelingt ihm jedoch eine gewaltige und zukunftsweisende Dichtung. Was immer man über ihre Gefährlichkeit sagen kann, die Sehnsucht nach dem Bewußtseinsverlust – im Rausch, im Tod und in der Liebe – ist seitdem ein mächtiger Motor der dichterischen Produktion gewesen. Ihre Faszination nahm im zwanzigsten Jahrhundert eher zu als ab. Thomas Mann, obgleich er sich zwingt, aus Gründen der Vernunft dem Tode keine Herrschaft einzuräumen über seine Gedanken, hält ihm doch Treue im Herzen (‚Der Zauberberg', Abschnitt ‚Schnee'). ‚Süßer Schlaf' betitelt er eine kleine Studie von 1909, die die Segnungen des regressiven Zurücksinkens in den unbewußten Zustand preist. Und noch heute wächst die Faszination des romantischen Traumes. Von einem ins Gigantische gewachsenen „Welttodestrieb" spricht Botho Strauß (in ‚Paare, Passanten', 1981). Er preist wie Novalis die alten Zeiten, in denen es noch große Leidenschaft gab, preist die Wollust, preist den Liebestod, preist den lustvollen Untergang des Individuums. Der Sehnsucht, sich loszulassen, sich endlich fallenzulassen, dem Treiben der Welt zu entsagen, verspricht Novalis eine tiefe Erfüllung (4. Hymne):

Hinüber wall ich,
Und jede Pein
Wird einst ein Stachel
Der Wollust seyn.
Noch wenig Zeiten,
So bin ich los,
Und liege trunken
Der Lieb' im Schooß.
Unendliches Leben
Wogt mächtig in mir
Ich schaue von oben
Herunter nach dir.
An jenem Hügel
Verlischt dein Glanz –

Ein Schatten bringet
Den kühlenden Kranz.
O! sauge, Geliebter,
Gewaltig mich an,
Daß ich entschlummern
Und lieben kann.
Ich fühle des Todes
Verjüngende Flut,
Zu Balsam und Aether
Verwandelt mein Blut –
Ich lebe bey Tage
Voll Glauben und Muth
Und sterbe die Nächte
In heiliger Glut.

Gegen den prosaischen Goethe

‚Heinrich von Ofterdingen'

Nachdem Novalis Goethe im ‚Blüthenstaub' noch als den „wahren Statthalter des poetischen Geistes auf Erden" (VB 118) bezeichnet hatte, bricht er im Februar 1800 als erster mit der Goethe-Verehrung der Frühromantik. „Es ist mir unbegreiflich, wie ich so lange habe blind seyn können". In den Aufzeichnungen FrS 505 und FrS 536 und in einem Brief an Ludwig Tieck vom 23. Februar 1800 nennt er ‚Wilhelm Meisters Lehrjahre' „ein fatales und albernes Buch – so pretentiös und preziös – undichterisch im höchsten Grade", „aus Stroh und Hobelspänen ein wohlschmeckendes Gericht, ein Götterbild zusammengesezt". „Künstlerischer Atheismus" sei der Geist des Buchs. Die ökonomische Natur sei die allein übrigbleibende. Das Romantische gehe zugrunde, die Lehrjahre seien „durchaus prosaisch".

Wenn Novalis das Ökonomische, das klug Gemachte des ‚Wilhelm Meister' kritisiert, argumentiert er als ein entfernter Vorläufer Friedrich Nietzsches. Nietzsche wirft Richard Wagner vor, seine Musik sei „zusammengesetzt, gerechnet, künstlich, ein Artefakt" (‚Der Fall Wagner'). Auch Wagner macht also „aus Stroh und Hobelspänen ein Götterbild". In Hardenbergs Wilhelm-Meister-Kritik trennen sich die Wege der Klassik und der Romantik. Die Antäus-Natur Goethes, der stets auf dem Boden der Wirklichkeit zu stehen begehrte, und die Euphorion-Natur des Novalis, der die Poesie von allem Irdischen reinigen wollte und sich dabei in die Lüfte verstieg, finden nicht mehr zueinander.

Zur gleichen Zeit wie die Wilhelm-Meister-Kritik, nämlich von Januar bis April 1800, entsteht der erste Teil des

‚Heinrich von Ofterdingen'. Der ‚Ofterdingen' ist ein Anti-Meister. Novalis will Goethe in die Schranken fordern. Der ‚Ofterdingen' sollte deshalb im gleichen äußeren Gewand wie der ‚Meister' bei Unger in Berlin erscheinen. Die Wilhelm-Meister-Kritik dient dazu, das eigene Verfahren von dem Goethes pointiert abzuheben, gegen das Prosaische und Ökonomische das Poetische und Romantische zu stellen.

Was stellt sich Novalis unter einer poetischen und romantischen Geschichte vor? ‚Heinrich von Ofterdingen' ist eine Erzählung, die nicht in der gewöhnlichen Welt spielt wie die Goethes, sondern in einer idealen Welt. Eine Geschichte, in der es den Widerstand der Welt nicht gibt, sondern in der alles wie von selbst sich zum Besten wendet. Eine Geschichte, die in einer bereits verwandelten Welt spielt, in der niemand mehr die selbsttätige Gravitation der Welt nach dem goldenen Zeitalter durch eigensüchtige Eingriffe behindert. Der Roman sollte „nicht idealisierte Realität, sondern realisierte Idealität" darstellen (Gerhard Schulz im Kommentar der Studienausgabe, 1969, S. 691).

Wie Goethes ‚Meister' ist der ‚Ofterdingen' der Anlage nach ein Bildungsroman. Im klassischen Bildungsroman wird ein junger Mann mit einem Kopf voll von verblasenen Idealen durch den Widerstand der Welt allmählich zurechtgestutzt, so daß schließlich vom Ideal nur das Realisierbare übrigbleibt. „Denn das Ende solcher Lehrjahre", sagt Hegel, besteht darin, „daß sich das Subjekt die Hörner abläuft, mit seinem Wünschen und Meinen sich in die bestehenden Verhältnisse und die Vernünftigkeit derselben hineinbildet, in die Verkettung der Welt eintritt und in ihr sich einen angemessenen Standpunkt erwirbt" (Ästhetik, ed. Bassenge, Berlin/Weimar 1965, I, 568). Der Bildungsroman ist ein Desillusionsroman.

Der Widerstand der Welt gegen das Ideal fehlt bei Novalis völlig. Der Held stößt sich nicht wund an der Welt. Er erlebt keine Enttäuschung. Auf wunderbare Weise fügt sich die Welt seinen Wünschen. Es gibt an der Welt nichts zu kritisieren. (Allenfalls an den Kreuzzügen wird im 4. Kapitel eine gewisse Kritik geübt.) Der Vorwurf der Hegelianer, daß Novalis bis zum Exzeß Welt und Geschichte vor seinen Phantasien niederwerfe, ist nicht unbegründet.

Die großen Desillusionierungen im Bildungsroman geschehen durch Reisen und Abenteuer, die die Welt kennenzulernen erlauben, und durch die Liebe. Betrachten wir zuerst die Struktur des Reiseromans.

Wilhelm Meisters Reisepläne werden ständig durch neue Erlebnisse durchkreuzt. Er verläßt sein Elternhaus, der kaufmännische Zweck der Reise verblaßt, er leitet schließlich eine Theatertruppe bis zum Zusammenbruch, er wird von verschiedenen Frauen genarrt und erreicht schließlich auf Umwegen ein Ziel, das er schon wieder aufgegeben hatte. Wilhelms Weg ist verschlungen wie der Sauls, „der ausging, seines Vaters Eselinnen zu suchen, und ein Königreich fand" (Schluß).

Ganz anders im ‚Ofterdingen'. Auch hier wird eine Reise beschrieben, von Eisenach in Thüringen nach Augsburg, aber die geht unter Aufsicht der Mutter planmäßig, ohne Umwege und ohne jede Störung vonstatten. Auch hier handelt es sich um eine Bildungsreise, aber die Bildung erfolgt nicht durch den Widerstand der Welt gegen die Illusionen des Kopfes, sondern als geordnete Vertiefung eines im Kopf ohnehin angelegten Planes. Heinrich ahnt in seinem Traum von der blauen Blume das Ziel, nämlich seine Berufung zur Poesie und zur Liebe, voraus. Er durchläuft in einem wohlgeordneten Nacheinander die Erfahrungswelt der mythischen Vorzeit (Arion-Sage und Atlantis-Märchen im 2. und 3. Kapitel), des Morgenlandes und des Krieges (Zulima, Erzählungen des Kriegsmanns im 4. Kapitel), der Natur (Erzählungen des Bergmanns im 5. Kapitel), der Geschichte (der Einsiedler in der Höhle, 5. Kapitel), der Poesie (Gespräche mit Klingsohr im 7. und 8. Kapitel) und schließlich der Liebe (6. und 8. Kapitel). Die Bildung erfolgt, mit Ausnahme des Bereichs der Liebe, ausschließlich durch

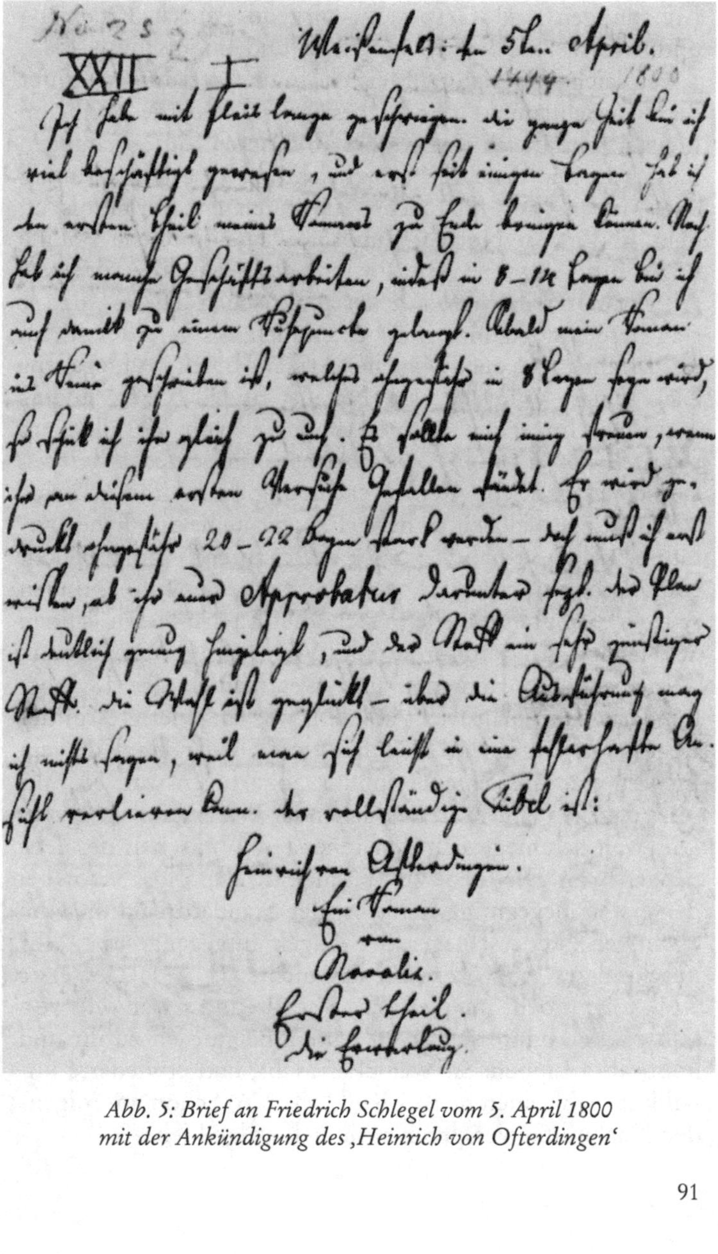
No 25

XXII

Weißenfels: den 5ten April. 1799. 1800

Ich habe mich selbst lange geschwiegen. die ganze Zeit bin ich viel beschäftigt gewesen, und erst seit einigen Tagen hab ich den ersten Theil meines Romans zu Ende bringen können. Noch hab ich manche Geschäftsarbeiten, indeß in 8–14 Tagen bin ich auch damit zu einem Ruhepuncte gelangt. Sobald mein Roman ins Reine geschrieben ist, welches ohngefähr in 8 Tagen fertig wird, so schick ich ihn gleich zu Dir. Es sollte mich innig freuen, wenn ihr an diesem ersten Versuch Gefallen fändet. Er wird gedruckt ohngefähr 20–22 Bogen stark werden – doch muß ich erst wissen, ob ihr einen Approbator darunter fühlt. Der Plan ist deutlich genug hingelegt, und der Stoff ein höchst günstiger Stoff. Die Poesie ist gegründet – über die Ausführung mag ich nichts sagen, weil man sich leicht in eine fehlerhafte Ansicht verlieren kann. Der vollständige Titel ist:

Heinrich von Afterdingen.
Ein Roman
von
Novalis.
Erster Theil.
Die Erwartung.

Abb. 5: Brief an Friedrich Schlegel vom 5. April 1800 mit der Ankündigung des ‚Heinrich von Ofterdingen'

Erzählungen und Gespräche, nirgends durch Erfahrung und Erlebnis. Sie bleibt schmerzfrei und enttäuschungslos.

Vergleichen wir nun ‚Meister' und ‚Ofterdingen' unter dem Gesichtspunkt des Liebesromans. Goethes Wilhelm Meister muß durch eine Kette von bitteren Enttäuschungen hindurch. Die erste Liebe zerbricht, als er erkennen muß, daß Mariane aus finanziellen Gründen ein Verhältnis zu dem Kaufmann Norberg unterhält. Die sinnliche Philine neckt ihn, Mignon verwirrt ihn, die seelisch verdüsterte Aurelie nützt ihn aus, mit der praktischen Therese hat er sich bereits abgefunden, bis er endlich, als gereifter Mann mit Erfahrungen auch sexueller Art, ans bereits aufgegebene Ziel seiner Wünsche, zu Natalie findet. Ganz anders Heinrich. Im ersten Kapitel träumt er von Mathilde, im sechsten hat er sie in seinen Armen, im achten schwören sie sich ewige Liebe. Keine Verwirrung, kein Umweg, keine Versuchungen durch andere Frauen, keine sinnliche Irritation, keine Sexualität (außer in Träumen). Von Ewigkeit sind die beiden einander bestimmt, wissen es sofort, finden sich in Minutenschnelle. Auch die Eltern bieten keinen Widerstand, sondern fördern das Verhältnis von Anfang an.

Aus anderen Romanen und Geschichten des 18. Jahrhunderts kann man leicht ablesen, wie langwierig es in der Regel war, bis einem Mädchen von Stande ein Kuß, ein Liebesgeständnis, eine Verlobung abzuringen war. Novalis setzt dagegen eine Welt beglückender Widerstandslosigkeit. Die Welt schmiegt sich den innersten Wünschen des Ichs paßgenau an. Die Liebe zu Mathilde ist kampflos. Schon bei der ersten Begegnung heißt es, der Standardreaktion vom züchtigen Niederschlagen der Augen entgegengesetzt: „Ihr unschuldiges Auge vermied ihn nicht." (I, 271) Der erste Kuß folgt noch am gleichen Abend, und zwar wie von selbst. „Er konnte sich nicht halten, neigte sich zu ihr und küßte ihre Lippen. Sie war überrascht, und erwiederte unwillkührlich seinen heißen Kuß." (I, 276) Schon am folgenden Nachmittag versprechen sie sich ewige Liebe.

Wenn alles schon feststeht, ist wenig zu erzählen. Das Liebesgespräch der beiden zeichnet bei aller Innigkeit eine gewisse Statik aus. Wo es keine bürgerliche Realität gibt, braucht man auch keine Psychologie. Vielmehr genügt eine platonisierende Metaphysik. Heinrich sieht nicht das Individuum Mathilde, sondern durch es hindurch ein Urbild. „Deine irdische Gestalt ist nur ein Schatten dieses Bildes [...] das Bild ist ein ewiges Urbild, ein Theil der unbekannten heiligen Welt." (I, 289)

Die Urbilder sind von Ewigkeit her da. Sie heben die Zeit auf. Sie durchleuchten die irdische Gestalt, sei sie alt oder jung. Sie haben keine Geschichte, kein Alter, keine Vergänglichkeit. Auf sie gegründete Liebe betrifft nicht das Vergängliche, sondern das Ewige. Sie ist deshalb religiöser Natur: „Was ist die Religion, als ein unendliches Einverständniß, eine ewige Vereinigung liebender Herzen? Wo zwey versammelt sind, ist er ja unter ihnen." (I, 288, vgl. Mt 18,20) Sie hat deshalb ein Verhältnis zum Tode, denn nur im Tod ist Ewigkeit. Daß sie für ihn sterben wolle, sagt Mathilde, unsterblich fühle er sich durch ihre Liebe, meint Heinrich, auch der Tod werde sie nicht trennen (ebd.). Der Tod steht Pate schon bei den ersten Bekenntnissen der Frischverliebten.

Wo es Urbilder gibt, gibt es keine Geschichtlichkeit. Man hört wohl von Kreuzzügen, und Heinrich von Ofterdingen ist ja ein historisch bekannter Sänger. Aber schon im ersten Satz hätte man sich mit einem Anachronismus abzufinden („die Wanduhr schlug ihren einförmigen Takt"), wenn man die historischen Bezüge ernst nehmen wollte. In Wahrheit aber ist das Mittelalter zeitlich so unbestimmbar wie im ‚Christenheit'-Aufsatz. Die Geschichte überhaupt ist nichts als ein bunter Reigen wechselnder Vorfälle, chaotisch, ohne Entwicklung und ohne Kausalität. Typisch sind Schilderungen der folgenden Art: „Er lebte mit mannigfaltigen Menschen, bald im Kriege, in wildem Getümmel, in stillen Hütten. Er gerieth in Gefangenschaft und die schmählichste Noth. Alle Empfindungen stiegen bis zu einer niegekannten

Höhe in ihm. Er durchlebte ein unendlich buntes Leben [...]" (I, 196). Die Geschichte ist der Reigen der Urbilder: „Kämpfe, Leichenbegängnisse, Hochzeitfeyerlichkeiten, Schiffbrüche, Höhlen und Paläste; Könige, Helden, Priester, alte und junge Leute, Menschen in fremden Trachten, und seltsame Thiere, kamen in verschiedenen Abwechselungen und Verbindungen vor." (I, 264) Der Geschichtsschreiber muß ein Dichter sein, der die „große einfache Seele der Zeiterscheinungen" zum Ausdruck bringt (I, 259). Dann ist die wirre Vielfalt des Geschichtlichen erkennbar als bloßer Vordergrund, durch den hindurch das Ewige scheint.

Deshalb kann der Freund des ewigen Friedens auch ungehemmt vom „hohen poetischen Geist, der ein Kriegsheer begleitet", schwärmen (I, 257), denn „der Tod macht das gemeine Leben so poetisch" (I, 343). „Die Menschen müssen sich selbst untereinander tödten – das ist edler, als durchs Schicksal fallen." „Todeslust ist Kriegergeist. Romantisches Leben des Kriegers." (I, 346) Der Krieg macht flüssig wie die Poesie. „Der wahre Krieg ist der Religionskrieg", meint Klingsohr (I, 285), denn im Kriege regen sich die Urgewässer, alles wird verflüssigt, um wieder neues Land, neue Kristallisationen zu bilden.

Man sieht an solchen höchst zweifelhaften Gedankenblitzen, wie wenig es um Bewältigung der wirklichen Geschichte ging, die die thüringische Provinzexistenz des Novalis nie persönlich berührt hat. Die Poetisierung des Krieges ist, wie die des Friedens, ein Vorgang im Subjekt des magischen Idealisten. Eine Reflexion auf die wirkliche Politik und auf die konkrete Geschichte liegt nicht zugrunde.

Wer auf Dramatik und Spannung, auf knisternde Atmosphäre und scharfsinnige Dialoge setzt, wird bei diesem Roman nicht auf seine Kosten kommen. Er ist von einer gläsernen Klarheit, unverwirrbar, makellos, entwicklungslos, ruhend wie das ewige Leben. Er verlangt die Bereitschaft, in der Luft des Ideals zu atmen, die Abkehr also von der gewöhnlichen Welt, die meditative Versenkung in eine

Gegenwelt. Man muß ihn kontemplativ lesen. Aber Glas ist nicht nur klar und durchsichtig, es ist auch starr und leblos. Die Welt des Heinrich von Ofterdingen ist ewig, aber tot. Novalis schreibt hart am Rande der Langeweile, ähnlich wie Adalbert Stifter im „Nachsommer", wo auf ganz ähnliche Weise der Widerstand der Welt ausgeblendet wird.

Die Langeweile wird nur dadurch verhindert, daß Novalis seine Idealwelt auf immer wechselnden Feldern auszubreiten weiß. Unmöglich wäre es gewesen, einem dieser Felder Dauer zu verleihen, zum Beispiel nicht die junge Liebe, sondern die Ehe von Heinrich und Mathilde darzustellen. Daß sie stirbt, ist notwendig, um den Roman fortsetzen zu können. Die Monotonie, das Auf-der-Stelle-Treten schon des drei Seiten langen Liebesgesprächs zeigt, daß sie sich auf die Dauer wenig Neues zu sagen gewußt hätten. Sie ahnen das ja selbst: „Ach! schwör es mir noch einmal, daß du ewig mein bist; die Liebe ist eine endlose Wiederholung." (I, 289f.)

Die Struktur des Romans ist bestimmt vom Gedanken solcher Wiederholung. Auf immer neuen Feldern wird immer das gleiche gesagt. Stets wird erst die Frühzeit der Welt erinnert, als Tiere und Bäume und Felsen mit den Menschen noch vertrauten Umgang hatten, wird dann eine Zeit der Entfremdung dargestellt, in der eigensüchtiges Planen die Erinnerung an die Urzeit verschüttet, und wird schließlich der Weg der Rückkehr beschrieben, das Wiederfinden der Wahrheit des goldenen Zeitalters, die uns immer nahe ist. „Ja Mathilde, die höhere Welt ist uns näher, als wir gewöhnlich denken. Schon hier leben wir in ihr." (I, 289)

Wiederholung prägt vor allem die Abfolge der Mentoren. Es sind stets alte, weitgereiste, oft naturkundige Männer, erfahren, mild und weise, von dem „Fremden", der im ersten Kapitel den Anstoß zum Traum und damit zur Reise gibt, über den Vater des Jünglings im Atlantis-Märchen, den alten Kriegsmann, den Bergmann und den Einsiedler bis hin zum Dichter Klingsohr, dem Vater der Mathilde.

Wiederholungsstruktur haben vor allem die Binnengeschichten, in denen sich auf je verschiedene Art die Gesamtstruktur des Romans abbildet. Es sind dies Träume und Märchen. Im Traum und im Märchen lebt unverstört die Idealwelt, weil in ihnen das aufgeklärte Individuum daran gehindert ist, die Geschichte zu „modeln" und es ihr unmöglich zu machen, ihre wahre Natur als goldenes Zeitalter und ewiger Friede zur Erscheinung zu bringen. Traum und Märchen zeigen die Welt in ihrer wahren, entzauberten, vom Bannfluch der Habsucht und der instrumentellen Vernunft erlösten Gestalt. Die philosophische Anstrengung des magischen Idealisten ist im ‚Ofterdingen' verblaßt. „Unter Speculanten war ich ganz Speculation geworden", schreibt Novalis, von der Philosophie Abschied nehmend, an Tieck (23.2.1800).

Traum und Märchen sprechen in Bildern. Die Bilder der Poesie sind den Begriffen der abstrakten Prosa überlegen. Was immer man vom Wahrheitsgehalt dieser Überlegung halten mag: die großartigen Bilderketten des bewußten Träumers und kunstvollen Märchendichters Novalis haben jedenfalls eine faszinierende Leuchtkraft.

Heinrichs erster Traum beginnt, nach der Erwähnung der urzeitlichen Einheit der Menschen mit Tieren und Bäumen, mit dem Chaos der geträumten Geschichte, um bald in den Weg zur blauen Blume einzumünden. Es ist ein Weg voll traumhafter Herrlichkeit. Ein Springquell steigt auf und zerstiebt, lautlos, wie die Welt nur im Traum ist.

Der träumende Heinrich badet in der Flüssigkeit, „jede Welle des lieblichen Elements schmiegte sich wie ein zarter Busen an ihn. Die Flut schien eine Auflösung reizender Mädchen, die an dem Jünglinge sich augenblicklich verkörperten." (I, 197) Der fließende Strom führt ihn zur blauen Blume. „Die Blume neigte sich nach ihm zu, und die Blüthenblätter zeigten einen blauen ausgebreiteten Kragen, in welchem ein zartes Gesicht schwebte." (Ebd.) Später erkennt Heinrich: „Jenes Gesicht, das aus dem Kelche sich mir entgegenneigte, es war Mathildens himmlisches Gesicht." (I, 277)

In Heinrichs zweitem Traum enthüllt sich als Wesen des Fließens und der tiefen Bläue der Tod. Mathilde rudert auf einem tiefen blauen Strom, ein Strudel zieht sie hinunter. „Eine leise Luft strich über den Strom, der ebenso ruhig und glänzend floß, wie vorher." (I, 278) Heinrich verliert das Bewußtsein, findet sich am Grunde des Flusses wieder. Aus einem Hügel, der an das Bild des Grabhügels im Sophien-Tagebuch und in der dritten Hymne an die Nacht erinnert, kommt eine Quelle. Er trinkt, Blumen und Bäume reden mit ihm, ihm wird heimatlich. Mathilde findet ihn, „der blaue Strom floß leise über ihrem Haupte", sie küßt ihn, sagt ihm „ein wunderbares geheimes Wort in den Mund, was sein ganzes Wesen durchklang" (ebd.).

Klingsohrs Märchen im neunten Kapitel breitet eine verwirrende Bilderfülle aus, die sich bei näherer Betrachtung aber leicht in die bekannten Strukturen einfügt. Es handelt sich um die Befreiung der Welt zum goldenen Zeitalter. Bilder einer feierlich illuminierten Starre und Kälte prägen den Anfang, die Stadt, die in einem gefrorenen Meere liegt, Arcturs Palast mit den funkelnden Eis- und Schneeblumen, den Garten mit Metallbäumen und Kristallpflanzen und dem zu Eis erstarrten Springquell. Ein Lied verkündet, was geschehen wird: „Die kalte Nacht wird diese Stätte räumen, / Wenn Fabel erst das alte Recht gewinnt."

Fabel, eine Personifikation der Poesie, gehört zu einer merkwürdigen allegorischen Familie, die aus ihrem Milchbruder Eros (der Liebe), ihrer Amme Ginnistan (der Phantasie), der Mutter (Herz), dem Vater (Sinn), dem Schreiber (Verstand) und der geheimnisvollen, aus Arcturs Reich herabgestiegenen Sophie (Weisheit) besteht. Es herrscht eine gewisse erotische Frivolität. Mit großer Selbstverständlichkeit herzt die reizend und leichtfertig aussehende Ginnistan „mit der Innigkeit einer Braut" den schnell aufgewachsenen Eros, schleicht sich aber auch der Vater mit Ginnistan in die Kammer, um sich in ihren Armen zu erholen, freut sich der Vater, als Ginnistan mit der Mutter die

Gestalt tauscht, verführt Ginnistan Eros in Gestalt seiner Mutter. Eros ist Knabe und Mann, Ginnistan ist Mutter und Geliebte zugleich. Werden im goldenen Zeitalter die erotischen Besitzverhältnisse aufgehoben sein? So geordnet es im Roman selbst zugeht, so anarchisch, einer Urwelt vor der bürgerlichen Kleinfamilie zugehörig, ist die Liebe im Märchen.

Im Verlauf einer komplizierten allegorischen Handlung reisen Eros und Ginnistan zu Arctur, nimmt der Schreiber den Vater gefangen und verbrennt die Mutter auf einem Scheiterhaufen, dessen Licht das Sonnenlicht aufsaugt, dessen Asche aber zu einem heiligen Wasser gemischt wird, von dem alle trinken. Die Intrige des Schreibers wird von der kleinen Fabel zunichte gemacht. Sie besiegt in der Unterwelt, in der die Luft ein ungeheurer Schatten ist, weil ein schwarzer strahlender Körper am Himmel steht und Dunkel aussendet, des Schreibers Helfer, die Parzen, die dort bei der Nacht einer schwarzbrennenden Lampe die Schicksalsfäden spinnen und abschneiden. Am Ende verbinden sich Eros und Freya (die Tochter Arcturs), Liebe und Frieden, und alles findet im Zeichen des geheimen Worts der Weisheit und der Liebe zum ewigen Frieden.

Daß Fabel, also die Poesie, den Schreiber als Sinnbild des petrifizierenden Verstandes der Aufklärung überlistet, ist offensichtlich ein Teil der Botschaft. Die Aufklärungskritik, die im Frühwerk des Novalis noch so außerordentlich differenziert erfolgte, ist am Ende doch in einen ziemlich platten Irrationalismus abgesunken. „Die Poesie heilt die Wunden, die der Verstand schlägt" (FrS 572, April 1800). Wenn das so einfach wäre! Die Philosophie des magischen Idealismus, die der Bewußtheit einst eine so große Rolle zugeschrieben hat, hat sich im Laufe des Entwicklungsprozesses der Jahre 1799 und 1800 allmählich fast ins Nichts aufgelöst. Sie ist allenfalls noch atmosphärisch und stilistisch wirksam, im Gläsernen, ruhig Klaren und unverwirrt Einfachen des Novalisschen Schreibens.

So berechtigt die Aufklärungskritik in einer Zeit sein mag, wo die Summe der aufgeklärten Vernünftigkeiten sich zu einem alternativlosen Gesamtzustand von gigantischer Absurdität verfilzt hat, so sehr ist doch zu befürchten, daß der romantische Gegenentwurf erst recht und noch mehr und noch schneller in der Sackgasse landet, weil diejenigen, die von einer poetisch verwandelten Welt träumen, ihrerseits nur eine von den Rationalisten einkalkulierte Fraktion innerhalb des Systems sind, nicht sein Gegenüber. Die romantische Aufklärungskritik läuft in der Praxis allzu leicht auf freiwillige Blindheit hinaus.

Wenn, wofür vieles spricht, das Ganze das Unwahre ist (Adorno) und es deshalb kein einzelnes Richtiges in einem großen Falschen geben kann, dann müßte freilich geschehen, was die Romantik will: das Ganze müßte verändert werden. Die Perspektive der Romantik, ob einbekannt oder nicht, ist die Revolution. Der Romantiker muß, wenn er konsequent sein will, eine Revolution herbeisehnen von einem Ausmaß, vor dem jeder vernünftige Mensch erschrekken wird. Wenn es wirklich die Möglichkeit eines evolutionären Wandels zu einem heilen Weltzustand nicht gäbe, wenn die Politik der kleinen Schritte, das aufgeklärte Handeln vernünftiger Politiker und Wirtschaftslenker wirklich nichts Grundsätzliches ausrichten könnte, wenn man also endgültig auf die Romantik setzen müßte, dann stünden wir vor Umwälzungen unerhörten Ausmaßes. Was geschähe, zu steuern wäre es weniger als je.

Aber vielleicht nehmen wir alles viel zu ernst. Mag des Novalis Weltveränderungsprogramm sich nicht bewährt haben, so bieten doch die „possierliche[n] Fratzen, Contorsionen und Affensprünge des verschrobensten, poetisch filosofischen Aftergenies“ (Christoph Martin Wieland über den ‚Blüthenstaub‘, IV, 617) unendliche Unterhaltung, Denktraining, wissenden Trost und Hilfen gegen die Depression.

Epilog

Novalis starb am 25. März 1801 an Lungenschwindsucht. Seiner Familie war der Tod vertraut. Von seinen zehn Geschwistern starben drei, bevor sie das zwanzigste, sechs, bevor sie das dreißigste Lebensjahr erreichten.

Sein früher Tod läßt ein unfertiges und fragmentarisches Werk als endgültiges Vermächtnis erscheinen, das bei einer längeren Dauer des Lebens vielleicht eine ganz andere Gestalt bekommen hätte. Wie wäre es weitergegangen? Daß ein alternder Novalis noch einmal etwas wie ‚Glauben und Liebe' oder wie den ‚Ofterdingen' geschrieben hätte, ist schwer vorstellbar. Beide Dichtungen sind in ihrer rasanten Einseitigkeit typische Jugendwerke.

Will man der Spekulation über die weitere Entwicklung, die Novalis hätte nehmen können, ein notdürftiges Fundament geben, dann steht die Entwicklung Friedrich Schlegels als Parallele zur Verfügung. Der reife Friedrich Schlegel lehnt das frühromantische Jugendwerk der Athenäum-Zeit als leeres Formenspiel, als eine bloß ästhetische, eitle und unernste Geschwätzigkeit ab. Er unterdrückt es in den Ausgaben. Seine Kritik der frühromantischen Schule trifft auch auf Novalis zu:

„Die ästhetische Ansicht ist eine in dem Geist des Menschen wesentlich begründete; aber ausschließend allein herrschend wird sie spielende Träumerei, und noch so sehr sublimiert, führt sie doch höchstens zu jenem verderblich pantheistischen Schwindel, den wir jetzt nicht bloß in den Gespinsten der Schule, sondern überall in tausend verschiedenen und losern Gestalten beinah allgemein herrschend sehen. Dies ist das Übel eigentlich, was die besten Kräfte des deutschen Herzens verzehrt, und die Menschen endlich bis zur gefühllosesten Gleichgültigkeit aushöhlt. Diese ästhetische Träumerei, dieser unmännliche pantheistische Schwindel, diese Formenspielerei müssen aufhören; sie sind der großen Zeit unwürdig und nicht mehr angemessen." (Heidelbergische Jahrbücher 1808, Kritische Friedrich-Schlegel-Ausgabe III, 156f.)

Schlegel zog daraus die Konsequenz, katholisch zu werden und sich der restaurativen Politik Österreichs zur Verfügung zu stellen. Wäre auch Novalis schließlich das Bodenlose und Unverbindliche des magischen Idealismus bewußt geworden? Hätte nicht auch er aus der ästhetischen Faszination durch eine idealisierte Monarchie und eine romantisierte katholische Kirche schließlich die Konsequenz gezogen, sich der wirklichen Monarchie und der wirklichen Kirche zur Verfügung zu stellen? Hätte auch er den „pantheistischen Schwindel" hinter sich gelassen und sich, statt frei gewählten Mittlern, den offiziellen Mittlern der Landesreligionen (VB 73) wieder anvertraut?

Die Frage ist nicht so müßig, wie sie scheint, denn sie betrifft letzten Endes die Dignität des Novalisschen Werkes überhaupt. Er selbst hätte es widerlegen müssen. Aber vielleicht hätte das wenig geändert. Auch Friedrich Schlegels Nachwirkung beruht ja paradoxerweise vor allem auf seinem Frühwerk, unter Mißachtung seiner späteren Entwicklung. Die Arbeiten der Jahre von 1796 bis 1800 werden weitaus häufiger zitiert als das umfangreiche übrige Lebenswerk. Schlegels Selbstkritik wurde insoweit von der Wirkungsgeschichte unwirksam gemacht.

Das Gedankensystem der Frühromantik war gewiß unausgegoren, aber es war originell und intelligent. Das brillant Fragmentarische und Scharfsinn wetterleuchtende Unfertige wirkte stärker als das ernsthafte, aber langweilig und solide formulierte Ergebnis einer gründlich durchdachten Lebenserfahrung. So hängen wir immer noch Träumen nach, die der spätere Schlegel für sich bereits falsifiziert hatte.

Die Wirkungsgeschichte des Novalis bestätigt jedenfalls die Maxime: man schreibe fragmentarisch, widersprüchlich, dunkel und vieldeutig, wenn man lange gelesen werden will, man schreibe klar und konsequent und verständlich, wenn man schnell abgeheftet zu werden bereit ist. Die bis heute anhaltende Wirkung des Novalis beruht fast immer auf einzelnen, aus ihrem Zusammenhang genommenen und im Interesse ihres Finders gedeuteten Stellen, fast nie auf der Kenntnis des Gesamtwerks. Philologisch betrachtet, beruht die Wirkung dieses Werks fast durchgehend auf Mißverständnissen. Novalis ist eine Fundgrube. Jeder findet dort ein Zitat für seine Zwecke. Die bewußt vieldeutigen Texte sind von der Art des Chamäleons, sie nehmen bereitwillig die Färbung des Kontexts an, in den man sie stellt. Das Wirkungsspektrum umfaßt so widersprüchliche Benutzerinteressen wie den mystizistischen „Novalismus“ der unmittelbaren Nachahmer, die katholische Inanspruchnahme, die Inspiration der Poesie des französischen Symbolismus, den Novalis-Kult der Neuromantik, der Wandervogel-Bewegung und der Steinerschen Anthroposophie, die politisch rechtsorientierte Rezeption des Werks durch die „konservative Revolution“ der Weimarer Republik und in ihrem Gefolge durch den Nationalsozialismus, parallel dazu eine linksorientierte Rezeption, die vom Chiliasmus mancher Expressionisten über den Surrealismus bis zur Studentenbewegung Ende der sechziger Jahre reicht (‚Die Phantasie an die Macht‘, lautete der Titel eines Novalis-Büchleins von Richard Faber, 1970). Georg Trakl widmet Novalis ein Gedicht, Hermann Hesse bewundert ihn, Thomas Mann zitiert ihn als vermeintlichen Republikaner, Robert Musil findet bei ihm Aufklärung über exakte Mystik. Noch heute suchen die widersprüchlichsten Autoren bei ihm Unterstützung, von Peter Handke (‚Über die Dörfer‘) bis zu Carl Améry (‚Die Wallfahrer‘). Die Chaostheorie findet bei ihm ebenso Nahrung wie die poststrukturalistische Ästhetik.

Nachbemerkung zur zweiten Auflage

Dieses kleine Buch hat seit seinem ersten Erscheinen im Jahr 1988 eine ziemlich konstante Zahl von Liebhabern gehabt. Es blieb vom Wechsel der intellektuellen Moden relativ unberührt. Sein Text konnte deshalb bis auf wenige kleine Streichungen, Ergänzungen und Korrekturen unverändert bleiben. Die Literaturhinweise wurden aktualisiert und erweitert.

Auch am Beginn des dritten Jahrtausends, zweihundert Jahre nach seinem Tod, ist Novalis ein lebendiger Autor. Das zeigen die Gründung einer Novalis-Gesellschaft vor wenigen Jahren, der Umbau des Geburtshauses in Oberwiederstedt zu einer florierenden Forschungs- und Tagungsstätte und die nicht abnehmende Zahl von akademischen und belletristischen Publikationen zu seinem Werk. Zwar darf man ihn nicht zu wörtlich nehmen, nicht zu professoral, darf nicht jedes Wort auf die Goldwaage legen. Novalis-Lektüre ist nichts für Dogmatiker. Sie macht frei von Festlegungen, bricht, wenn sie gelingt, Verkrustungen auf, macht das Denken flüssig und geschmeidig, ermutigt die Phantasie, schärft den Blick fürs Frappierende, stärkt die Erfindungskraft, läßt das Blei der Sachzwänge transparent werden wie Glas und leicht wie Luft und weicht das scharfkantig Tatsächliche auf wie ein Alkahest. Diese Wirkungen ergeben sich, ohne daß man die gleichen Ziele damit verfolgen muß wie Novalis in seiner Zeit. Mit diesen Zielen ist es schwierig geworden. Einer zynisch und bitter gewordenen Menschheit verkündet der hochfliegende Idealist mit den träumerischen Augen immer noch seine große Gläubigkeit, aber der Idealismus hat seit einigen Jahrzehnten Halsweh, es klingt heiser und wehmütig, wenn er aus

‚Glauben und Liebe' zitiert: „Jeder ist entsprossen aus einem uralten Königsstamm. Aber wie wenige tragen noch das Gepräge dieser Abkunft?"

Zeittafel

1772	Georg Philipp Friedrich von Hardenberg am 2. Mai in Oberwiederstedt geboren als zweites von elf Kindern des (seit 1784) kursächsischen Salinendirektors Heinrich Ulrich Erasmus von Hardenberg und seiner Frau Auguste Bernhardine, geb. von Bölzig.
1783	Auf Schloß Lucklum beim Onkel Gottlob Friedrich Wilhelm von Hardenberg.
1785	Umzug der Familie von Oberwiederstedt nach Weißenfels.
1788–1791	Jugendschriften und -gedichte.
1789	Begegnung mit Gottfried August Bürger.
1790	Luthergymnasium Eisleben. Beginn des Studiums der Rechte an der Universität Jena. Vorlesungen bei Friedrich Schiller und Karl Leonhard Reinhold.
1791	Persönliche Begegnungen mit Schiller. Die ‚Klagen eines Jünglings' erscheinen in Wielands ‚Neuem Teutschen Merkur'. Immatrikulation an der Universität Leipzig.
1792	Erster Kontakt zu Friedrich Schlegel. So sehr in eine Leipzigerin namens Julie verliebt, daß der Vater eingreift.
1793	Will Soldat werden, es fehlt aber am Geld für die Ausstattung. Einschreibung an der Universität zu Wittenberg.
1794	Im Juni juristisches Examen in Wittenberg, von Juni bis Oktober bei den Eltern in Weißenfels, ab November Kreisaktuarius in Tennstedt. Wohnt bei Kreisamtmann Coelestin August Just. Am 17. November sieht er das erste Mal Sophie von Kühn (geb. 1782) in Grüningen bei Tennstedt.
1795	Am 15. März heimliche Verlobung mit Sophie von Kühn. Im Sommer Treffen mit Fichte und Hölderlin bei Niethammer in Jena, im Herbst Beginn der Fichte-Studien. Seit November 1795 ist Sophie krank.
1796	Januar: Chemiekursus in Langensalza. Seit Februar Tätigkeit als Akzessist bei der Salinendirektion in Weißenfels. Wiederaufnahme der Beziehung zu Friedrich Schlegel.

1797	Am 19. März stirbt Sophie von Kühn, am 14. April der Bruder Erasmus von Hardenberg. Vom 18. April an bis zum 110. Tag nach Sophies Tod Führung des ‚Journals'. Begegnungen mit August Wilhelm und Caroline Schlegel und mit Friedrich Schelling. Hemsterhuis-Studien. Im Dezember Beginn des Studiums an der Bergakademie in Freiberg.
1798	Freiberg. 29. März Besuch bei Goethe in Weimar, abends bei Schiller in Jena. Im April erscheinen die ‚Vermischten Bemerkungen' (VB) unter dem Titel ‚Blüthenstaub' im Athenäum. Erste Verwendung des Pseudonyms „Novalis" („der Neuland Rodende"). ‚Blumen' und ‚Glauben und Liebe' erscheinen Juni/Juli in den ‚Jahrbüchern der Preussischen Monarchie'. Vorarbeiten zu verschiedenen Fragmentsammlungen (VF). Arbeit an den ‚Lehrlingen zu Sais'. ‚Dialogen' und ‚Monolog'. Juli/August: Kuraufenthalt in Teplitz (‚Teplitzer Fragmente'). Seit September Arbeit am ‚Allgemeinen Brouillon' (bis Frühjahr 1799). Im Oktober Begegnung mit Jean Paul. Im Dezember Verlobung mit Julie von Charpentier.
1799	Im Mai Rückkehr nach Weißenfels. Im Sommer Begegnungen mit Tieck, Herder, Goethe. Erste ‚Geistliche Lieder'. Schleiermacher-Lektüre, Randbemerkungen zu Friedrich Schlegels ‚Ideen'. Weitere Fragmente und Studien (FrS). Im Herbst ‚Die Christenheit oder Europa', mit weiteren ‚Geistlichen Liedern' vorgetragen beim Romantikertreffen vom 11.–14. November in Jena mit den Brüdern Schlegel, Tieck, Schelling und Ritter. Beginn der Arbeit am ‚Ofterdingen'. Im Dezember Ernennung zum Salinen-Assessor.
1800	‚Hymnen an die Nacht'. Böhme-Studien. Gedichte. Wilhelm-Meister-Kritik. Im April wurde der erste Teil des ‚Ofterdingen' fertig. Geologische Untersuchung der Gegend zwischen Zeitz, Gera, Borna und Leipzig. Erkrankung. Freitod des Bruders Bernhard (Oktober), seitdem schwer krank. Pläne zur Fortsetzung des ‚Ofterdingen'. Im Dezember Ernennung zum Amtshauptmann.
1801	Am 25. März stirbt Friedrich von Hardenberg in Weißenfels.

Zitierhinweise und Abkürzungen

Römische Ziffern verweisen auf die Bände der Historisch-kritischen Ausgabe (siehe *Literaturhinweise*). Generell werden Werke, Briefe und Dokumente nach dieser Ausgabe zitiert. Die Irritation durch die ungewöhnliche Orthographie und Zeichensetzung des Novalis möge der Leser als zusätzlichen Reiz betrachten.

Die Zitate sollen möglichst auch in anderen Ausgaben auffindbar sein. Deshalb wird stets das Werk oder die Werkgruppe genannt. Briefe von und an Novalis werden nach Adressat und Datum zitiert. Die Zählung der Fragmente wird, wo sie nicht aus der Historisch-kritischen Ausgabe übernommen ist, in den neueren Ausgaben meistens durch eine Konkordanz übertragbar gemacht. Deshalb werden sie nach Nummern, nicht nach Seitenzahlen angegeben. Für die einzelnen Fragmentgruppen werden folgende Abkürzungen verwendet:

ABr	Allgemeines Brouillon. Abteilung IX der HKA. September 1798 bis März 1799.
FS	Fichte-Studien. Abteilung II der HKA. Herbst 1795 bis Herbst 1796.
FrS	Fragmente und Studien 1799–1800. Abteilung XII der HKA. Mai 1799 bis Spätherbst 1800.
GL	Glauben und Liebe. Abteilung V der HKA. Frühjahr 1798.
HKA	Historisch-kritische Ausgabe
VB	Vermischte Bemerkungen (Blüthenstaub). Abteilung IV der HKA. Dezember 1797 bis Februar 1798.
VF	Vorarbeiten zu verschiedenen Fragmentsammlungen. Abteilung VI der HKA. Januar bis September 1798.

Sekundärliteratur wird mit Kurztitel zitiert. Die ausführlichen Angaben finden sich in den *Literaturhinweisen.*

Literaturhinweise

1. Erstdrucke zu Lebzeiten

Klagen eines Jünglings. In: Der Neue Teutsche Merkur, 1791, Band I, S. 410–413.

Blüthenstaub. In: Athenaeum 1, Berlin 1798, S. 70–106.

Blumen. In: Jahrbücher der preußischen Monarchie 1798, Band 2, S. 184f.

Glauben und Liebe oder der König und die Königin. In: Jahrbücher der preußischen Monarchie 1798, Band 2, S. 269–286.

Hymnen an die Nacht. In: Athenaeum 3, Berlin 1800, S. 188–204.

2. Werkausgaben

Das ganze 19. Jahrhundert war angewiesen auf die von Ludwig Tieck zusammengestellte zweibändige Ausgabe ‚Schriften' (Berlin 1802, 5. Auflage 1837). Tieck ist sehr willkürlich mit den Texten umgegangen. Von ‚Glauben und Liebe' publizierte er nur einzelne Stücke, ‚Die Christenheit oder Europa' kürzte er um zwei Drittel und zerschlug den Rest in Fragmente. Der wahre Zusammenhang des Werks war dem Leser des 19. Jahrhunderts infolgedessen unbekannt. Die erste brauchbare Ausgabe ist die von Ernst Heilborn herausgegebene (Schriften, drei Bände, Berlin 1901), erweitert und ergänzt von Jakob Minor (vier Bände, Jena 1907). Zur Grundlage der Wissenschaft wurde die in Leipzig 1929 von Paul Kluckhohn veranstaltete Edition, die als erste Auflage der Historisch-kritischen Ausgabe gilt, obgleich deren zweite (1960ff.), besonders in den Bänden mit dem theoretischen Werk, erhebliche Fortschritte im Hinblick auf Vollständigkeit, philologische Präzision und Kommentierung aufweist. Sie wird heute zitiert: ‚Schriften', herausgegeben von Richard Samuel in Zusammenarbeit mit Hans-Joachim Mähl und Gerhard Schulz, Stuttgart, Band I–III in 3. Auflage 1976, 1975 und 1983, Band IV (Tagebücher, Briefe, Zeugnisse) in 2. Auflage 1975. Band V (Materialien und Register) erschien

1988, Band VI (Der dichterische Jugendnachlaß 1788–1791 und Stammbucheintragungen 1791–1795) in zwei Teilbänden 1998 und 1999.

Sehr gute Auswahlausgaben sind die von Gerhard Schulz im Verlag C. H. Beck betreute Studienausgabe ‚Werke', München 1969, 2., neubearbeitete Auflage 1981, und die etwas ausführlichere von Hans-Joachim Mähl und Richard Samuel im Hanser Verlag: ‚Werke, Tagebücher und Briefe Friedrich von Hardenbergs', München 1978, der vorzügliche Kommentarband, herausgegeben von Hans Jürgen Balmes, erschien 1987. Sehr nützlich ist auch Mähls Zusammenstellung der Selbstinterpretationen in der Reihe ‚Dichter über ihre Dichtungen' (Band 15: Novalis, Frankfurt 1976).

3. Forschung

Eine wichtige Grundlage der Forschung sind die Kommentare zu den einzelnen Werken und Werkgruppen in den Ausgaben, besonders in der Hanser-Ausgabe und in der Historisch-kritischen Ausgabe (wenngleich dort Differenzen bestehen bleiben zwischen den älteren Kommentatoren Paul Kluckhohn, Richard Samuel und Heinz Ritter und den in der Regel präziseren Informationen und Interpretationen von Gerhard Schulz und Hans-Joachim Mähl). Seit der Komplettierung des Textbestands und der Klärung der meisten Datierungsfragen in der zweiten Auflage der Kritischen Ausgabe hat die Forschung erheblich an Präzision gewonnen. Ein sehr großer Teil vor allem der älteren Arbeiten leidet an einer philologisch unpräzisen, spekulativen und schwärmerischen Methode und ist den heutigen wissenschaftlichen Ansprüchen nicht mehr gewachsen. Einen Überblick zur Geschichte der Novalis-Philologie bietet Gerhard Schulz in der Einleitung zu seiner forschungsgeschichtlichen Dokumentation in der Reihe ‚Wege der Forschung': Novalis, 2., erweiterte Auflage Darmstadt 1986.

Als großes Standardwerk und Summe der Forschung, die zu allen im folgenden erwähnten Aspekten Grundlagen und neue Einsichten bringt, hat sich in den letzten Jahren die voluminöse Darstellung von Herbert Uerlings durchgesetzt: Friedrich von Hardenberg, genannt Novalis. Werk und Forschung, Stuttgart 1991. Eine Kurzversion für den studentischen Gebrauch ist bei Reclam erschienen: Novalis (Friedrich von Hardenberg), Stuttgart 1998 (mit aktueller Auswahlbibliographie).

Als beste Biographie kann wohl gelten: Gerhard Schulz, Novalis in Selbstzeugnissen und Bilddokumenten, Reinbek 1969. Weil dieses

Bändchen bereits einen sehr zuverlässigen und anschaulichen Bericht über Leben und Werk gibt, habe ich in meiner Darstellung das Biographische auf das Notwendigste beschränkt. Ein gut strukturiertes Gesamtportrait gibt Hans-Joachim Mähl in seinem Beitrag zum Sammelband ‚Deutsche Dichter der Romantik', herausgegeben von Benno von Wiese (Berlin 1971). Eine englischsprachige Gesamtdarstellung legt John Neubauer vor (Novalis, Boston 1980). Zu den älteren Gesamtdarstellungen, die trotz fragwürdiger Einseitigkeiten noch heute häufig zitiert werden, gehören das anthroposophisch orientierte Buch von Friedrich Hiebel (Novalis. Deutscher Dichter – europäischer Denker – christlicher Seher, Bern 1951, 2. Auflage 1972) und das übertrieben sophiengläubige Buch von Heinz Ritter (Der unbekannte Novalis, Göttingen 1967, inzwischen ergänzt durch: Novalis und seine erste Braut, Stuttgart 1986, mit schönen Sophien-Reliquien).

Im Bereich „Einflüsse und Beziehungen" sind die wichtigsten Arbeiten die von Mähl (Goethes Urteil über Novalis, in: Jahrbuch des Freien Deutschen Hochstifts 1967, S. 130–270; Novalis und Plotin, im oben genannten Band der Reihe ‚Wege der Forschung', S. 357–423). Auch die ideengeschichtlich wichtigste Arbeit stammt von Hans-Joachim Mähl: Die Idee des goldenen Zeitalters im Werk des Novalis (Heidelberg 1965). Das pietistische Erbe erschließt Gerhard Kaiser (Pietismus und Patriotismus im literarischen Deutschland, Wiesbaden 1961). Die Einflüsse durch Fichte, Kant und Hemsterhuis sind am besten in den entsprechenden Kommentaren zur Kritischen Ausgabe dargestellt. Zur Philosophie des Novalis sind zu empfehlen der etwas vereinfachende, aber sehr klare Aufsatz von Karl-Heinz Volkmann-Schluck (Novalis' magischer Idealismus, in: Hans Steffen, Die deutsche Romantik, Göttingen 1967, S. 45–53), ferner Manfred Frank (Die Philosophie des sogenannten „magischen Idealismus", in: Euphorion 63, 1969, S. 88–116). Eine ältere, aber immer noch lesenswerte Kritik dieser Philosophie bietet Hugo Kuhn (Poetische Synthesis, in dem erwähnten Novalis-Band der Reihe ‚Wege der Forschung'), eine neuere, ausführlich die Grundlagen bei Kant und Fichte prüfende hat Friedrich Strack vorgelegt (Im Schatten der Neugier. Christliche Tradition und kritische Philosophie im Werk Friedrich von Hardenbergs, Tübingen 1982).

Zur Naturwissenschaft sind besonders wichtig Mähls Kommentar zum ‚Allgemeinen Brouillon' (in der Kritischen Ausgabe) und Peter Kapitzas Buch über ‚Die frühromantische Theorie der Mischung' (München 1968). Die Naturwissenschaften bilden auch den Schwerpunkt in dem von Herbert Uerlings herausgegebenen Sammelband ‚Novalis und die Wissenschaften' (Tübingen 1997), der auf vielen Gebieten den neuesten Forschungsstand markiert.

Die Religionsauffassung stellen dar Klaus Lindemann (Geistlicher Stand und religiöses Mittlertum, Frankfurt 1971), Hermann Timm (Die heilige Revolution, Frankfurt 1978) und Friedrich Strack (siehe oben). Für die ‚Geistlichen Lieder' ist wichtig die Arbeit von Margot Seidel: Die Geistlichen Lieder des Novalis und ihre Stellung zum Kirchenlied, Bonn 1973.

Im Bereich Politik steht die ältere, von deutschnationalen Zungenschlägen nicht freie Arbeit von Richard Samuel zur Verfügung (Die poetische Staats- und Geschichtsauffassung Friedrich von Hardenbergs, Frankfurt 1925), gefolgt von der klugen, aber im Detail nicht immer zuverlässigen Darstellung von Hans Wolfgang Kuhn (Der Apokalyptiker und die Politik, Freiburg 1961) und meiner Arbeit, die alle politisch deutbaren Fragmente einer minutiösen quellenanalytischen Untersuchung unterzieht (Romantik und Konservatismus, München 1983). Im engeren Sinn auf die von Reinhard Koselleck inspirierte Fragestellung nach dem Verhältnis von Politik und Moral und damit nach der Kontinuität zum 18. Jahrhundert hin zielen die Arbeiten von Dietrich Naumann (Politik und Moral, Heidelberg 1977) und Klaus Peter (Stadien der Aufklärung, Wiesbaden 1980). Die aktuelle europapolitische Wirkung des Aufsatzes ‚Die Christenheit oder Europa' ist Thema eines reizvollen Sonderhefts der ‚Neuen Rundschau' (Heft 3, 1996).

Das Themenfeld Poesie ist sehr vielfältig behandelt worden. Der breiten und gründlichen Gesamtdarstellung von Manfred Dick (Die Entwicklung des Gedankens der Poesie in den Fragmenten des Novalis, Bonn 1967) steht das knappe, aber gedankenreiche Bändchen von Eckhard Heftrich gegenüber (Vom Logos der Poesie, Frankfurt 1969). Heftrich macht den vermeintlichen Widerspruch von Dichten und Denken zu seinem Ausgangspunkt. Er bietet plausible Erklärungen für die Einheit des theoretischen und des dichterischen Werks im Gedanken einer transzendentalen Apotheose der Poesie – Orpheus als mythisches Vorbild – und weist als einer der ersten die irrationalistischen Interpretationen wirksam in die Schranken. Ulrich Gaier erläutert umsichtig die rückwärtige Tradition der ‚Konstruktionslehre des schaffenden Geistes' (so der Untertitel seines Buches ‚Krumme Regel', Tübingen 1970), also die Beziehungen zum Platonismus, zur Kabbala, zur barocken Naturwissenschaft eines Andreae, Helmont und Fludd, zu Hemsterhuis und Herder. Hannelore Link beschreibt das poetische Verfahren (Abstraktion und Poesie im Werk des Novalis, Stuttgart 1971). Rolf-Peter Janz stellt den sozialphilosophischen und ästhetischen Kontext her (Autonomie und soziale Funktion der Kunst, Stuttgart 1973) und Jochen Hörisch findet vom Standpunkt der Adorno/Benjaminschen Denkschule Anregungen bei Novalis (Die fröhliche Wissenschaft der Poesie, Frankfurt 1976). Zur Formgeschichte von Aphorismus und Fragment wichtig ist Gerhard Neumann: Ideenparadiese, München 1976.

Die internationale Wirkungsgeschichte des Novalis in Poesie, Politik, Naturwissenschaft und anderen Feldern hat ein von Herbert Uerlings herausgegebener Sammelband zum Gegenstand: Blüthenstaub. Rezeption und Wirkung des Werkes von Novalis, Tübingen 2000.

Das Motto auf Seite 6 stammt aus Thomas Manns Brief an seinen Bruder Heinrich vom 5. Dezember 1905.

Bildnachweis

Umschlagabb.: Foto: U. Edelmann, Schneckenhofstr. 30, 60596 Frankfurt a.M. Gemälde von Franz Gareis (1775–1803): Novalis (1772–1801); Öl auf Leinwand: 57 x 52,1 cm; Forschungsstätte für Frühromantik und Novalis-Museum, Schloß Oberwiederstedt

Abb. 1: Museum Weißenfels.

Abb. 2: Privatbesitz. Abb. nach: Heinz Ritter-Schaumburg, Novalis und seine erste Braut. Sie war die Seele meines Lebens, Stuttgart 1986.

Abb. 3, 5: Freies Deutsches Hochstift/Frankfurter Goethe-Museum, Frankfurt a. M. (Foto: Ursula Edelmann).

Abb. 4: Aus: Athenäum, 1800.